中国农业大学国际学院建院 30 周年献礼

30th Anniversary Celebration
国际学院建院30周年院庆

再出发

陈明海　李道亮◎主编

中国农业大学出版社
·北京·

内 容 简 介

在中华人民共和国成立75周年之际，恰逢中国农业大学国际学院建院30周年，国际学院以约稿或采访的形式，组织编写了本书。本书记录了35位校友在国际学院学习和生活的点点滴滴，也从侧面反映了国际学院发展的历程，记录了在世界各个角落、在各行各业奋斗的“国院人”的身影，留下了“国院人”的美好回忆，展望了“国院人”的美好未来，为国际化教育的可持续发展、中外先进文化交流提供了宝贵经验。

图书在版编目(CIP)数据

再出发 / 陈明海，李道亮主编. --北京：中国农业大学出版社，2024.8.
ISBN 978-7-5655-3251-1

Ⅰ. G649.281-53

中国国家版本馆 CIP 数据核字第 2024J84Q53 号

书　　名　再出发
Zai Chufa

作　　者　陈明海　李道亮　主编

策划编辑　童　云　赵　艳　　**责任编辑**　赵　艳　刘艳平
封面设计　中通世奥图文设计
出版发行　中国农业大学出版社
社　　址　北京市海淀区圆明园西路2号　　**邮政编码**　100193
电　　话　发行部 010-62733489，1190　　读者服务部 010-62732336
编辑部 010-62732617，2618　　出版部 010-62733440
网　　址　http://www.caupress.cn　　**E-mail**　cbsszs@cau.edu.cn
经　　销　新华书店
印　　刷　河北朗祥印刷有限公司
版　　次　2024年8月第1版　　2024年8月第1次印刷
规　　格　170 mm×240 mm　　16开本　　14.25印张　　162千字
定　　价　56.00元

编　委　会

主　　编　陈明海　李道亮

副 主 编　王　宁　刘芮宁

编写人员　（以姓氏笔画为序）

王　宁　王晓燕　宁鹏飞　刘　畅　刘亚楠

刘芮宁　刘海泓　许廷武　李道亮　陈明海

序

Preface

在这个充满欢乐与庆祝、尽显特殊意义的里程碑日子里，我们以字为桥，以情为帆，以书为船，共同庆祝中国农业大学国际学院成立30周年。这是我们的历史，是我们的荣誉，也是我们的骄傲。

本书记录了35位校友的心路历程，他们历经的风雨、取得的成就，织就了学院今日的辉煌。在本书中，我们看到了过去的辉煌，预见了未来的希望。这本书，就像一个时间的航海者，带领我们穿越学院的30年，看到过去的荣光，也可预见未来的璀璨。

在35位校友的深度感悟中，我们得以看见国际学院过去30年的发展轨迹，那是一段充满挑战与希望、坚韧与创新的历程。每位校友的每句感悟，都是对这30年历程生动而深刻的注解。

这些珍贵的回忆和感悟，不仅是我们国际学院发展的生动见证，也是我们坚持信念、勇攀高峰的坚定动力。他们的文字，充满了热情与决心、勇敢与智慧，从中我读到了他们对知识和自由的坚守与追求。在这个旅程中，他们以热爱驱动学习，以勇气面对挑战，勇于奔赴人生的山海，打开了人生新的篇章，怀揣着一颗“拼搏向上”的种子，追逐梦想，勇往直前，翱翔在国际的舞台上。

这本书如同国际学院一本珍贵的纪念册，记录着学生们的收获和成长轨迹，见证着国际学院过去的奋斗历程，同时也犹如一座灯塔，照亮我们的梦想之路。我希望它能成为我们每位学子和校友的力量源泉，无论身处何方，都能永远保持对知识和人生的热爱，对未知世界的探索和热忱。

我要向他们表示最深的感谢，因为他们的每分努力和付出，都为学院带来了无尽的荣誉和骄傲。在这个充满感恩和希望的特殊日子里，让我们站在新的起点上，一同将目光投向未来，怀揣梦想，承载希望，携手并进，实现更多的人生梦想，为国际学院绘制更加绚烂的未来画卷。

李道亮
2024 年 3 月

前言

Foreword

中国农业大学国际学院（ICB）于1994年成立，是国内最早一批开展国际化本科教育的教学改革与实践的单位之一。建院30年以来，国际学院秉承高水平开放、高质量发展的办学宗旨，发挥中外融合、创新发展的鲜明特色，在国家扩大教育对外开放、培养高层次国际化人才的目标引领下，在实现中华民族伟大复兴的中国梦的进程中，努力建设成为国际合作办学领航者和国际化人才培养的高地，推动新兴交叉学科的建设和发展，建设特色鲜明的国际化学院，为提升中国农业大学“双一流”建设国际化水平作出应有贡献。

国际学院秉承百年农大的优良传统，不忘办学初心，牢记育人使命，努力培养具有家国情怀、富有社会使命感和责任感，具有国际视野、通晓国际规则，具有国际竞争力的创新型国际化人才。办学30年间，国际学院累计培养了8 700余名毕业生，约90%的毕业生进入了包括哈佛大学、耶鲁大学、剑桥大学、清华大学、北京大学等世界一流水平高校继续深造，其他毕业生进入了各行各业，深得用人单位的青睐，办学成果获得了社会的高度认可。

在中华人民共和国成立75周年之际，恰逢建院30周年，国际学院以约稿或采访的形式，记录了35位校友在国际学院学习和生活中令他们印象深刻的点点滴滴。这些美好回忆从侧面反映了国际学院一路走来的发展历程，记录了在世界各个角落、在各行各业奋斗的“国院人”的身影，留下了“国院人”的美好回忆，展望了“国院人”的美好未来，为国际化教育的可持续发展、中外先进文化交流提供了宝贵经验。

本书得到了中国农业大学陈卫国老师和闻静超老师的大力支持，在此特别表示感谢。此外，在本书编写过程中，智佳源、徐湘、姜天麒、杜昊阳、吕金蔚、丁谊嘉、李师杰、史盈轩、周正楷等小记者以及其他师生和校友也作出了很多贡献，在此一并表示感谢。

书中难免有不当或错漏之处，还请读者朋友们批评指正！

编委会

2024 年 3 月

目录

Contents

第一章

学而致知，行而致远

ICB
2019.5.22

高雅洁

打开人生的新篇章

文/徐　湘

人物简介

高雅洁，1998—2002 年就读于国际学院中美项目经济学专业。硕士研究生毕业后，高雅洁先后在美国国家地理、FT 中文网、路透社等外资传媒集团从事市场营销工作。加入美国硅谷公司红板报（Flipboard）后，她从外资职业经理人转为创业合伙人，主要业务覆盖内容和出海营销领域。喜爱自然和户外运动，是铁人三项越野爱好者。

高雅洁

大学毕业，我们如同一只只小船驶离港口，踏上了人生的浩渺大海。在这个转折点上，我们追求知识、拓宽视野，渴望在社会中找到自己的位置和价值。对于国际学院（以下简称国院）的优秀毕业生高雅洁而言，国院在她的成长中无疑扮演了格外重要的角色。从广阔的国际化氛围到跨文化交流的经历，国际学院开启了她不断前行的道路。

走进国院：多元的学习体验

回首自己的本科生活，高雅洁笑着说："国际学院为我提供了大量宝贵的经历和机会，让我见识了更广阔的世界。"事实上，从她踏进校门的第一天起，她就被学院的国际化氛围所深深吸引。

作为土生土长的北京人，高雅洁对于全英文授课与外教的教学并不陌生，但国际学院的课程依旧令她印象深刻。这不仅仅体现在外教的专业水准上，更体现在学院先进的教学体系和课程设置，如灵活的作业形式（如课堂演讲）和大量除自身专业以外的课程。"坦诚说，在国际学院学习的这四年使我发生了很大的变化，而这主要体现在视野和对事情的认知上。"

在众多课程中，令高雅洁印象最深的一门课程便是人类学（Anthropology）。哪怕时隔多年，她依旧清晰地记得课上的诸多片段：教授是一名相当儒雅的法国男性，让大家在课堂上恣意讨论有关社会责任和人文关怀的各种课题。另一门难忘的课程是音乐。作为必修课之一，它为国际学院学生提供了走进艺术殿堂的桥梁。教授经常将自己比作甲壳虫乐队的主唱之一约翰·列侬——他们都拥有一位日本妻子。而教授风趣又细致的讲解也让高雅洁在之后的日子里顺理成章地成为甲壳虫乐队的粉丝。

“现在想来就是非常庆幸，”高雅洁笑着说，“如果当时没有来到国际学院，估计本科四年就是硬着头皮上完所有经济学专业课程，没有机会横向探索这么多有趣的课程内容了。”

应对挑战：永远不要给自己设限

国际学院的学习不仅包括课堂上的知识，还包括跨文化交流、全球视野和多元思维。

对于国际学院的学生而言，他们就像是在一个“文化大熔炉”中生活、成长。每一次的讨论、交流都是心灵的碰撞和启迪。而学院也在这个过程中教会了大家尊重和包容，与不同文化背景的人相处，找到自己与世界对话的独特方式。

“昨天我和其他家长们还在讨论，如今很多年轻人都在学习编程，主要考察C＋＋的使用。但我们都知道，我们的工程师早就不用C＋＋来完成工作了。”随着科技日新月异的发展，知识本身似乎不再是工作中永恒不变的一环，学习带来的附加能力仿佛成为竞争力本身。对于高雅洁而言，情况也非常相似：作为经济学专业的学生，在真正进入传媒行业后她才发现，自己在传媒领域的专业性上有所欠缺。本科的知识固然有用，但依旧存在大量需要迎接的挑战。

此刻，国际学院高瞻远瞩的多元学科背景则派上了用场，让她更有信心攻克专业以外的难题。对于拥有了更强心理韧性的她，工作中的困难似乎都变得迎刃而解，远不如想象中的那般棘手。

“因此，我觉得更应该要脚踏实地，把当下的每一件事都尽心落实好。我坚信，一个好的结果会连接到下一个好的结果，从而实现一个正向的循环。”

创业之路：爱拼才会赢

拥有曾经在多家外媒打拼的经历，高雅洁非常熟悉西方社会的工作体系：整个环境相对宽松，工作也是按部就班。然而，自从 2017 年带领着红板报（Flipboard）脱离美国总部后，她的职业生涯发生了翻天覆地的变化。

独立，意味着她不再拥有母公司稳定的资金保障，转而成为一家自负盈亏的创业公司的负责人。按部就班的工作模式不再适用，取而代之的是需要时刻为公司的“生计”着想，包括争取融资、拓展业务板块等。这个转变让高雅洁充满了期待与动力，她看到了无限的挑战和可能性。

作为一家资讯聚合平台的负责人，她所面临的挑战与用户消费内容和消费习惯的持续变化息息相关。她需要时刻关注市场趋势，调整公司的战略和业务模式，以适应快速变化的行业环境。尽管未来的发展之路漫漫，但目前向阳的趋势也为她带来了更多的信心与机遇。

创业路上的不确定性和挑战，并没有让高雅洁退缩。相反，她以积极的心态面对着每一天。对她而言，创业之路充满了无限的可能性和激动人心的冒险。她坚信，人生正是因为充满了这样的期待，才变得如此多彩。正如她所说：“创业是一场探索未知的冒险，而我们只需要做好当下的每一件事。”

常言道，教育的价值不仅在于给予个人机会，更在于培养他们成为能够为社会做出贡献的人。国际学院所提供的国际化课程体系与多元的文化背景，不仅开拓了学生的视野，还帮助他们建立自信，成为更好的自己。

高雅洁就是这样一个闪耀的例子：在成长的道路上敢于追求自己的梦想，并将所学知识转化为实际行动。她坚信，只要坚持学习知识、敢于迎接挑战，每个人都能在人生道路上找到属于自己的方向。

黄静

做自己人生的主人，去想去的地方

文/徐湘

人物简介

黄静，国际学院中美项目经济学专业 2001 届毕业生，后攻读北京大学整合营销传播在职研究生，完成了北京大学国家发展研究院和清华大学经济管理学院工商管理硕士（MBA）和“领军 CEO”课程。

本科毕业后，她先后在国家体育总局和耐克工作，积累了丰富的体育营销经验。自 2012 年加入华晨宝马以来，她参与并负责了包括奥运会、高尔夫欧巡赛、国际顶级马拉松赛事、马术和赛车领域多个国际体育赛事的赞助营销，制定商业、娱乐领域的跨界营销战略，不断推动汽车品牌的体验营销新尝试，逐步晋升为华晨宝马市场部总监，并进入公司核心业务管理层，担任经销商发展部副总裁一职。目前担任宝马南区副总裁职务，致力于推动公司业务发展。

黄　静

作为一家知名车企，华晨宝马在中国市场有一定的影响力。自2012年加入华晨宝马，黄静先后担任了体育营销经理、市场总监，直至成为宝马南区副总裁。凭借着多年的实践经验和卓越的领导能力，她不断追求创新与突破，逐渐成为了中国汽车市场的资深人士之一。

作为国际学院早期的毕业生之一，黄静的四年本科生涯无疑为她之后的道路奠定了坚实的基础。她始终坚信要敢于放飞内心的翅膀，追逐梦想的足迹；做自己人生的舵手，驾驭梦想的帆船。

国际化生活：拓展未来发展的无限可能

国际学院作为中国最早开展中外合作办学项目的单位之一，不仅拥有双语教学的优势，还积极融合中西方的教育理念和多元文化。面对这个年轻而有活力的学院，黄静坦言："当时的我怀揣着强烈的愿望，渴望出国看看世界，因此加入国际学院是非常值得一试的决定。"

事实也证明了她的选择是明智的。身为一名刚刚踏入国际学院的大一新生，她对经济学并不十分了解。然而，当正式开始学习后，她惊喜地发现，学院不仅提供了与经济学相关的专业课程，还开设了广泛的选修课程，如环境科学、生物学，以及多种艺术和人文社科类课程。这种多元的学科设置不仅开阔了学生的视野，还培养了学生的综合素养和跨学科思维能力。

也正因此，她在本科期间积极探索了大量专业之外的课程。"学院给予了我们更大的自由度和选择空间，因此我并没有局限于经济学的专业领域。在专业选择和未来发展方面，国际学院为我提供了更多的可能性。"在这样的学习环境中，她以开放的心态广泛涉猎不同领域，丰富了自己的知识和经验。

国际学院不仅为学生提供了追求前沿专业知识的机会，更为他们搭建了通向世界舞台的桥梁。参加工作后的黄静直观地感受到，在当今信息开放的时代，除了专业知识和必备技能，丰富的实践经验和快速学习的能力更是评价人才的关键标准。

结合本科期间科学的课程体系与规划，她不禁感慨道，国际学院真正做到了在学习和处事两方面培养学生，这也是当今复合型人才所需要的能力。“知识是一直在迭代的，进入职场后的我们也要持续学习。回顾本科的课程，真正有意义的是那些能够建立逻辑基础和世界观的课程，而不仅仅是专业课上所学到的知识。”

这些经历使她对自己的未来充满信心，而学院的培养为她打下的坚实基础，也成了她勇敢面对职场挑战、持续成长进步的底气。

直面挑战：年轻就是最大的资本

当听到现在年轻人变得越来越“卷”，黄静笑着说，“Resilience，你们可能叫它‘逆商’，我叫它‘心理韧性’。”一路在外企成长起来的经历，让她深知心理韧性的重要作用。“这个过程其实就是一个抗压过程，你必须得被摔打。”

国际学院独特的教学体系无疑为她提供了培养“心理韧性”的机会。学院全英文的课程已经是莫大的挑战，更遑论还有对英语和专业知识有更高要求的物理、生物、哲学等课程。而对她而言，本科期间困难还多了一重，便是独自一人去了美国：当时的她对美国一无所知。

回忆起当时的情景，她不禁莞尔道：“当时是真的很大胆，一下飞机看到的是一片农田，也没想过要人接机，甚至不知道自己住在哪里。”就这样，她开始了自己的留学生活。随着在陌生的学校和城市里一步步摸索，她逐渐发现，当一切都需要自己重建时，人的韧性是无限的。“我同时打了 3 份工，最终还提前半年毕业。开始时很多事情都很困难，但是最终做到了，反而觉得很有意义。”

回顾本科岁月，她认为正是这些挑战促进了她的成长：“困难才是人生的常态。不存在什么逆境，也没有什么必然的不可能。受教育的过程和工作的经历为我们打开了探索无限可能的大门，只要掌握学习的方法并敢于迎接挑战，我们便拥有无限的可能性。”

勇于表达：做自己人生的主人

“没有人能替代你去争取你想要的东西。”

在国际学院，若想与教授进行深入的学术探讨或交流，需要主动与他们预约，争取沟通的机会，而这便是国际教育的特点。

“要成为自己人生的主人，首先要成为自己人生的第一责任人。”因此，更要勇于争取表达的机会，为每一个决定负责任，牢牢掌握成功之钥，踏实前行。

回顾四年本科生活，国际学院为黄静打开了一扇窗，让她看到了多元的世界。即使毕业已有 20 余年，她对国际学院仍怀有深深的感激和情感。

“世界上唯一确定的事就是不确定。趁着年轻，做自己人生的主人，勇敢闯荡吧！”

ICB

依旧青春，步履不停

李程

文/李程

作者简介

李程，2006 年考入国际学院，就读工商管理系广告与市场传媒专业和英国贝德福德大学工商管理专业，英国伦敦大学皇家霍洛威学院市场营销学硕士研究生，清华大学经济管理学院 MBA。现就职于青苗教育集团，任集团市场总监，分管集团旗下 23 个校区（青苗国际学校 & 青苗国际幼儿园）的品牌及市场相关工作。

李　程

工作以后，一直奔波在职场和家庭之间。在公司我是领导可以信赖的左膀右臂，是员工们可以依靠的团队上司；回到家我是慢慢步入年迈父母的可心女儿，也是年幼女儿仰望的超人妈妈。我的身份角色在不停变化，每一段经历都带来了新的成长。在享受每一次小小蜕变带来的欣喜之余，好像很久没有停下脚步来沉淀一下自己。一直没有时间安静地坐在电脑前敲敲字。感谢中国农业大学国际学院的邀约，让我有机会安静下来码字，回忆少年时期意气风发的样子。那时，我总是喜欢在日记本上洋洋洒洒。那时的我，不是任何身份，我，只是我自己。

回忆起母校带给我的成长，是国际学院给了我多一种选择的机会，多一条开拓眼界的渠道，多一分关于梦想的坚定。

关于选择，我想说：一定要为自己的选择负责

我是 2006 级国际学院工商管理系广告与市场传媒专业的学生，在我准备读大学的时候，大家对于大学出国的态度还不是那么的坚定，或者说传统家庭认为孩子一般是会在国内完成大学学业后再出国继续深造。我算是比较早的那一批——自己想主动选择异国求学的孩子，所以当时国际学院的选择是我自己的决定，也感谢我父母在那个时候对我决定的支持。在我十七八岁的年纪，不像现在信息量如此爆炸，大家可以对专业和方向了解得那么透彻，那时候的决定，都是来自当时认知水平的最优解。国院的培养让我有机会、有捷径去看到更广的天地和更大的世界。事实证明，当时的决定是正确的，从迈入国际学院的那一刻，我就知道自己即将进入国际教育，去国外学习生活读书，那么我需要做的是提前解决用英文沟通的问题。生活英文和学术英文不一样，在国院这几年的英文学习积累，让我为出国以后的从容打下了坚实的基础，让我可以坦然地面对国外的小组作业、毕业论文、校外实践等。

当时的专业选择也坚定了我之后在市场营销专业的深耕和毕业后在国际教育行业发展的决心。每一次的选择都是自我审视、不断成长完善的过程。最终获得的是属于自己独一无二的风景。

坚定选择，内心热烈，你可以昂首阔步。

关于眼界，我想说：女生本该被“富养”

国际学院给了我一条“捷径”，之所以说“捷径”，是因为通过国院，我顺利踏上了异国求学的道路。让我看到了世界可以很大，眼界可以很广。大家都说女生应该被富养，我非常认同这个概念。富养，在我这里的定义是：热爱生命，内心富足，拥有丰富的语言去表达感情，拥有智慧的头脑去驾驭思想。

国际学院搭建了一个很好的学习平台，在国内充分过渡，在异国的求学道路上有老师可以请教，有学长可以“取经”，有同学可以为伴。在这条路上，让我的“被富养”有了路径，且是一条“捷径”。我体验了国外课堂的灵活多样，学习了没有标准答案的探究方式，参与了项目式学习的自主与合作。国内的基础、海外的眼界，让我拥有不断努力改变的勇气，有光明前行的力气，也有凭借自己突破瓶颈的底气。

眼界无边，向阳而生，你可以所向披靡。

关于梦想，我想说：没有横空出世的幸运，只有背后不为人知的努力

在成长的过程中能够找到自己的梦想，是一件幸运且幸福的事。不是每个人都能找到人生的方向，也并不是每个人都恰好拥有与这个梦想匹配的能力。这些能力的积累是需要背后不为人知的努力。关于把国际教育做成事业这件事，我回想起来，大抵也是比同龄人都早一些接触国际化教育。国院在我懵懂的青春岁月里播下种子，以兴趣为向导，以热爱为支撑。

在成为一名教育从业者后，我才慢慢明白，教育是尊重孩子的每一个奇思妙想。我们都可以仰头欣赏，没有标准模板，让孩子在自己的花期里慢慢绽放。日、月只有一个，但是所有的星星都会发光。国际学院的多元化项目合作，就是给每一个“星星”都预设了他们不同的轨迹。

尽管在漫长追寻理想的道路上有许多的磕绊，但是这些在成长中付出的代价，换回的是我现在的小“成绩”：对事业局面的掌控能力，对自我的认知和得体的谈吐等。

梦想发芽，志得意满，你可以闪闪发光。

母校在我成长的道路上，托举了我的第一步，让我走得出、回得来，也留得住。祝愿我们共同成长的摇篮：中国农业大学国际学院，能够越来越好！

所见即我，与时代同往，与未来同向，与追光者同行。

罗婷婷

主动探索未知，开拓发展未来

文/周正楷　姜天麒

人物简介

罗婷婷，1997年考入国际学院就读经济学专业（辅修传播学专业）。2001年毕业后，前往英国雷丁大学攻读硕士学位，毕业后回国进入中国人寿保险股份有限公司工作，现任中国人寿保险股份有限公司经理。

罗婷婷

作为一名早在1997年便选择进入国际学院接受中外合作教学的高考考生，罗婷婷跟我们回忆着当时在中国农大的校园生活，丰富的校园活动，优美的校园环境，师生之间美好的友谊，种种场景历历在目。

国院赋能　展翅翱翔

在国际学院学习的4年，开阔了罗婷婷的视野。与外教的互动使她接触到了最新的国际学术和生活资讯，拓宽了她的知识领域，也使她对外部世界有了更多的了解。

在罗婷婷看来，外教的教学方式带给她很多启发。多角度、独立思考问题的能力和自主学习的能力都是国际学院在教学过程中着重培养的。在上课过程中，外教老师给予了学生很多自主选择的机会。无论是演讲展示还是论文撰写，学生都可以在一个框架内选择自己感兴趣的主题进行深入研究。这种自主学习的机会使学生在学习过程中更加自由，更能够发挥个人的兴趣和潜力。

这些能力，一直到工作之后，都对罗婷婷的人生发展有很大的帮助，让她能够自己掌握人生发展的规划和方向。

这不仅是她独有的感受，而且是国院人的共识。通过与往届校友以及后辈新生的交流，她发现每一个人都对自己的职业发展规划有着明确的认识，不会在毕业后陷入迷茫期。

多彩生活　丰富自我

除了课内学习，罗婷婷也热衷于参加文体活动，让自己对生活更加有真实的感知。在她看来，生活不是为了赶路，而是为了感受当下的美好。

尽管当年国际学院举办的活动不如现在丰富，但她和同伴们仍然争取参与创办学院报纸的工作，这对她来说是一段非常有意义和有趣的经历。即使英文写作非常困难，但她希望能将自己以及同学们和国院的故事记录下来，因为她希望可以在未来看到自己青春的模样。

毕业后的罗婷婷回过几次母校，“今非昔比”是她最直观的感受。

“在我上学时学校所在的地方还相对较为偏僻，不是特别繁华。然而，随着时间的推移和奥运会的举办，周边地区便逐渐发展起来。另外，学校还建造了奥运赛场，使校园建设变得更加丰富和具有规模，六道口一带也变得繁华起来。此外，地铁也通达学校门口，和我上学时只有一趟公交车的情况相比，如今的校园环境和交通条件已经比之前优渥许多，现在国际学院的学生真的很幸福。”

即使校园变化再大，罗婷婷也能找到自己往昔的珍贵回忆。许多具有丰富历史内涵的特色建筑仍然保留着，如一进门的民主楼和老水塔。望着它们，就像时光重叠，记忆的齿轮开始倒转，回到最初的起点，她思绪万千。

回到学校后，她看到了学校的照片墙和各种宣传专栏，发现现在的学生比当时多了许多，专业也增加了很多，与其他院校的合作也更多了。整体而言，学校经历了巨大的变化和发展，为学生提供了更好的学习环境和更丰富的学术资源。

罗婷婷与国际学院的故事未完待续，她由衷祝愿这里的学子前途似海，未来可期。

实战经验　寄语后辈

为了让国院人更清晰地明白未来应该如何规划，罗婷婷分享了自己的求学和工作经验。

“青春就是用来闯的，在你们这个年龄阶段，有着无限的可能性。”

罗婷婷相信国际学院包容的学习环境可以更好地加强学生与老师之间的沟通，而国外的留学经历更是让她丰富了阅历。经过中外教育体制的磨砺后，国院学子可以更快找到自己擅长和喜欢的领域并在此深耕。

提前规划，是罗婷婷的另一个建议。“上了大学之后，就要开始考虑自己的未来了，不论是深造还是就业，都要考虑自己想要从事什么样的工作。因此，一方面要去探索自己的潜力和可能性，另一方面要提早开始思考未来的道路。”

在总结工作经验时，她从个人的工作经历出发，给我们做了一场深入的分享。她提到，大多数公司总部都从事管理类工作，涉及销售管理、投资管理、法律合规、风控以及产品管理等各个方面。国企的总部还负责党务、团务和工会等方面的管理。因此，大型企业的总部职位大致相似，吸纳的员工专业背景也多样化，不仅限于相关行业的学生。因此，国际学院的同学们在选择工作的过程中应该广泛考虑自己的兴趣爱好，选择相应的工作领域进行深耕。

当工作中遇到困难，转变思维和工作方式是国际学院教学环境下孕育出的优势。罗婷婷讲述了她自己在工作中不断成长的个人经历。从大学开始，她一直用英文进行学习和写作。但进入国企后，需要更多地使用中文进行表达。不论是国企、事业单位还是政府机关，都有各自的行文方式和规范，这需要重新适应和熟悉。然而，她认为从国际学院毕业后，大家更多地拥有了继续学习和适应挑战的能力。

她着重指出公务员等考试的激烈竞争，即使在国外留学后回国想要通过公务员录用考试，良好的中文写作和表达能力对于从国际学院毕业的学生来说依然非常重要，因此需要不断练习和提高。

“愿国院学子心中有梦，脚下追风。”

杨光

国院，扬帆启航的地方

文/杨光

作者简介

杨光，2002届国际学院毕业生，获中国农业大学与美国科罗拉多大学经济学学士学位（荣誉），2003年获得英国雷丁大学国际证券、投资和银行理学硕士学位（荣誉），2011年以优秀毕业生成绩获得北京大学和比利时鲁汶根特管理学院的MBA学位。现任科兴控股首席商业官（CBO）、科兴控股（香港）有限公司总经理及北京科兴生物技术公司副总经理，是公司核心团队的重要成员并负责科兴集团海外发展战略制定、海外市场拓展、全球商业网络搭建、海外业务团队搭建及组织执行、资本融资及战略合作的工作。

杨　光

首先衷心祝愿曾经悉心培养我的中国农业大学国际学院30岁生日快乐！

我是98级的杨光。白驹过隙，今天距离我在国际学院学习的日子已经过去了20多年。那段美好而充实的时光却一直铭记在我心里，回想起来依然历历在目，仿佛就发生在昨天。我特别怀念那段静心学习的时光，如果没有在农大国院的四年，我也不可能成长为今天的自己。

1992年邓小平南方谈话对中国进一步改革开放起到了关键的推动作用，1997年香港在万众瞩目中回到了祖国的怀抱，自此中国与世界的联系与互动更加紧密，全国人民朝气勃发、信心满满。怀抱梦想的青年人也纷纷走出国门，希冀学成后报效祖国。而刚刚经历完高考的我，心怀留学梦，1998年懵懂地迈进了国际学院的大门。20多年后的今天，我想深情地对母校说，感谢国院所给予我的一切！

国院采用了领先的教学理念，创造了自由开放的学习环境。学院当时采用国际领先的课程设置和走班制，同学们平均每学期选修5～6门课，不仅课业压力大，而且被抛进了全英文的学习环境中。但是我们并不觉得多么辛苦和难熬，分数高低不再是衡量我们学业成功与否的唯一标尺，大家更看重和享受努力学习的过程。在这里，语言也不再是一门应试的科目，而是交流和学习的必备工具。我们通过语言这座神奇的桥梁到达其他文化和专业知识的彼岸。在这样自由开放的环境中，我们迅速告别了单调刷题的高中时代，开始思索并奋力追寻各自不同的人生目标。

国院拥有一流的师资力量，帮助我们过关迈坎。时至今日，我还清晰地记得我是如何在这里紧张而又似乎轻松地迈过了英文交流的第一道“心理”坎。当时外教专门留出了答疑时间（office hour），鼓励我们课后进行一对一交流，解决学习中遇到的问题。但是第一次与外国人的单独交流总是令我们这样的年轻学子望而却步。最后我终于鼓起勇气，硬着头皮去和写作老师沟通我的习作。这篇习作在我交给老师前已经改了10余遍。令我欣喜的是，在交流时我不仅没有预想中的紧张，反而特别顺畅，收获满满。自此以后，我和外国人交流真的就迈过了那道最难迈的“心理坎”，现在同事们经常开玩笑说我的英语比汉语还好。

国院课程设置合理多元，开阔了我们的视野。我当时的专业是经济学，除了数学、统计学、宏观经济学和微观经济学这些严肃的必选学科外，学院还鼓励我们根据自身的爱好选修其他科目。我记得当时选修了摇滚和音乐。一对音乐造诣颇深的美国夫妇老师带着我们畅游在音乐的世界里，我跟随他们深入了解了弦乐、键盘乐和打击乐，不知不觉走进了绚烂的艺术殿堂。回想当年，我们的确没有现在富足的物质生活，也没有可以随身携带的各式电子设备消遣，但是在国际学院，我们却可以不时从学业中抬起头来，向内审视内心，向外探求未知而广袤的世界。

国院不负众望，为怀揣留学梦的学子们搭建了走向外部世界的桥梁。当年不少本来可以选择更好院校的同学毅然决然选择了中国农大国际学院。不仅仅是因为这里的中外合作办学本科教育项目是国内设立最早的合作办学项目之一，也不仅仅因为这里有规范的课程设置、高质量的师资团队和可以成为挚友的同学，更重要的是她实实在在地为我们搭建了一座通往更广阔世界的坚实桥梁，助我们理想启航。当年我提前完成国际学院的学习后，只身一人赴英国留学，从未走出国门的我毫无障碍地在异国他乡独自开启了崭新生活，之后圆满完成了学业。不得不说这一切很大程度上都归功于我在国际学院的学习和历练。不知不觉中我已经在职场拼搏了 20 多年，豁然回首，有经验，也有教训，感触良多，愿借国院成立 30 年之际和亲爱的学弟学妹们分享我的点滴感受。

紧跟时代脉搏，与祖国的发展同频共振。我想我是幸运的，因为我个人的特长和职业发展方向正好契合了中国经济飞速发展的大势和中国生物医疗产业的迅猛发展。一代人有一代人的历史使命，我也希望学弟学妹们能够紧跟时代和祖国发展的步伐，开阔视野，找准方向，争做时代的弄潮儿。

尊重兴趣并以此指引职业选择。如果从入国院开始，你们就能够了解自己的志趣所在，并加以精进，相信你们将成为真正赢在起跑线上的人。追寻兴趣的同时，你们也一定会享受成长，迎来成功。最近《狂飙》中高启强的扮演者张颂文在电视剧热播后大火，观众都惋惜他大器晚成，但是他却说自己过去这么多年一直在做自己喜欢的事情，很享受，不惋惜。这就是兴趣的巨大力量。

当然还希望你们能够勇于“吃亏”，做个真正的明白人。明白与糊涂、吃亏与占便宜并不像表面看起来那么分明。我们当年上学的时候，经常需要分组合作完成小组作业。而小组中总有一些人偷懒，不按时完成分工的部分。小组中有的同学因此觉得吃亏了，去理论甚至争吵，不仅耽误了时间，也造成了同学间关系紧张。当时我的想法就略有不同，多干就能多提高，偷懒的同学貌似占了便宜，但长远来看吃亏的反而是他们。大道至简，但往往难辨，希望学弟学妹们都能志存高远，早点做个明白通透之人。

这么多年来经常有人问我的职场法宝，我想就是摒弃打工人心态，以老板的高度来对待自己的工作。这句看似简单的话在职场指引了我20多年。如果你们能够一入职场，就时时提醒自己转变思维模式，从老板的高度来认识和处理工作，增加主人翁意识，那么我相信你们的职业发展定能迎来新的篇章！

最后，我还真诚地希望各位学弟学妹关注自身身心健康。人生是一场马拉松，只有那些保持身心健康的人才能跑到最后。你们现在是父母的骄傲，未来还将为人夫（妻），为人父母，经营新事业和撑起小家庭，健康是你们未来事业发展和家庭美满最大的本钱。

作为国院人，我真诚地感谢国院，不仅让我在这里度过了充实而愉快的三年半时光，而且帮助我在此后的人生中既能脚踏实地、努力前行，又能仰望星空、走向远方！衷心祝愿国院30周年生日快乐，祝各位师长万事顺遂，祝各位学弟学妹在国院扬帆启航！

王珊

感受选择的力量

文/周正楷

人物简介

王珊，1999年就读于国际学院，后就读美国科罗拉多大学丹佛学院传播学专业，在校期间获各类奖学金及荣誉，小组论文在美国国家传媒协会发表，2003年毕业时获“北京市优秀大学毕业生”称号。毕业后一直服务于央企物流至今20年，现为高级物流师，中国物流与采购联合会绿色物流分会专家，现任中外运物流有限公司物流事业部（可持续发展部）总经理。主要工作涉及央企战略整合、数字化转型、疫情保障物流、业务运营及可持续发展领域。

王　珊

作为一名1999年入学的前辈，王珊和国际学院（ICB）的缘分，在20年前已经拉开序幕。尽管离开学校已经20多年，王珊仍然保存着多年前“优秀宿舍”奖状、《挚友报》、ICB宣传部招新策划等文件材料。ICB求学的经历，在她的成长过程中早已刻下了深深的烙印。

提及为何在高考时结缘ICB，王珊的关键词是“选择”。她曾就读于天津市耀华中学智力超常实验班，高考那年无意中了解到中国农业大学开设的UCD项目，能够为莘莘学子提供国际化的学习平台，同时具备国际国内双学位的教育体系，一直拥有专业理科生标签的她，从这里看到了一次迈入文科教育体系的机会。回溯到1999年的夏天，一名少女带着青春的义无反顾，充满对未来的困惑与迷茫，怀揣对文科方向探索的兴趣与希望，坚定地选择了就读ICB的志向。一个学生时代的选择，决定了她的思考方式和价值逻辑，这些一直延续在她的校园生活中，而独立判断与面对挑战的无畏性格，也在她未来的职业生涯中持续发芽。

畅谈20多年前的校园时光，王珊给我们描述了几个跟学习生活有关的片段，对她来说，那些美好的记忆历历在目，闪着历久弥新的光芒。交谈中，她以“拼”这个字作为与伙伴们在ICB就读期间的关键词，言语间带着兴奋与骄傲：有一群志同道合的朋友携手同行，是对青春最好的纪念。当年学院的几个女生，在军训结束后不顾疲惫直奔集中管控的抢课教室，拼手快抢到最炙手可热的专业课程，为了在高阶课程中拿到A而共同努力；一早一晚大家有两个任务，早上占据图书馆的自习室手握“红宝书”背单词，晚上又轮流在女生宿舍的24小时自习教室拼个座位熬夜完成小组论文（group paper）；每一次演讲（presentation）都是新挑战，准备过程中大家不分年级并打破专业界限，拼的就是一个创意和时效。曾经的专业小分队参与美国国家传媒协会的论文征集（paper-call），大家又齐心协力拼了整个寒假，互相监督连轴转，时间不够就以馒头方便面果腹，成功拼成了当年唯一来自中国的入选团队，将中国青年人的风采与专业精神拼到了美利坚，团队顺利完成了美国国家传媒协会第88届的分论坛演讲。

国院人的“精神”，是在采访过程中王珊一直强调的情感内核。在她心中，虽然大家的成长背景不同，来自不同的地区，拥有各自的世界观，但是总有一种缘分和力量将同一届的伙伴们联结在一起。虽然大家未来的发展方向不尽相同，每个人都在毕业后选择了不同的职业方向和生活方式，但四年期间ICB给予的国际教育，让大家身处北京，却增长了国际化的见识，也具有了更超前的创新精神。国际学院还有一个朗朗上口的名字——“果园”，今天在王珊的手机上还活跃着“果园”的微信群，虽然大家身处于世界的各个角落，但是ICB的精神一直都在，积极选择自己的专业领域，宽容选择文化理解的广度，勇敢选择自己的职业方向与生活方式，世界足够大，我们成长的舞台也够大，这就是ICB人的底气与标签。

从学生时代过渡到职场，对任何人来说都是一次跨越，也需要充分的适应。王珊说，宏观领域对外界的洞察，建立框架体系的能力，以及钻入微观领域的学习、沟通与协同对职场的角色转换至关重要，这也是在国际学院求学期间赋予她的最宝贵的能力财富。在物流行业头部国企摸爬滚打了20年，她始终坚持“不破不立”的职业信条，面对行业巨变持续完成自身的能力迭代，才能适应并融入企业的发展，从而真正实现自身的价值。作为一个传媒人，她选择的物流行业在20年前看上去并不“炙手可热”，为了提升自身的专业化能力，她选择下沉到基层，深入核心岗位，穿透物流的本质提升业务能力。通过考取专业认证等方式，她取得了高级物流师、国际货代从业资格等，曾获得“国务院国有资产监督管理委员会青年岗位能手”的荣誉称号，经过十几年的努力她已经是中国物流与采购协会的特聘行业专家。从最开始的职场小白，到今天的行业专家，一路走来兜兜转转历练沉浮，王珊依旧能够乐观谈起这些经历，她认为最珍贵的还是每一次做“选择”的能力，以及下定决心往前走的勇气。

毕业多年后，王珊谈到当年的哲学课上教授曾提到的一句话，大意是人生诸事不论大小，当你选择了捷径的同时，你可能比别人更快遇见生命终点，因此我建议你们应该选择更多挑战、更难走的那条路，你的人生才更有价值和意义，你也会更晚到达生命的终点。当年的哲学课留下太多的疑惑，只有亲自经历才能深度分享，她希望将这段话与 ICB 的伙伴们共勉：当你选择了前行，你就在不断成长！在人生的岔路口，即使另外一条路看起来并不光鲜甚至充满艰辛，你仍有机会去做属于自己的选择！原因只有一个，因为你是 ICB 人，你有能力有动力也有底气，去大胆地、勇敢地、无谓地选择自己的故事吧，和那些默默无闻却又活得生动的 ICB 毕业生们一起，携手去看更多的人生风景。

史圣朋

风雨兼程，潇洒前行

文/徐 湘

人物简介

史圣朋，2015级国际学院传播学专业学生，剑桥大学教育研究硕士研究生，现博士研究生就读于剑桥大学教育专业（PhD in Education，ABD）。曾荣获2019年度“北京市优秀毕业生”“中国农业大学优秀毕业生”。

史圣朋

如果用一个词来形容史圣朋，“潇洒”一词再合适不过了。

一般人印象当中的潇洒是洒脱且毫无拘束。但于史圣朋而言，相比于一种理性的态度，潇洒更多是一种情感的体验和思想的境界。

作为地道的北京人，史圣朋说话时随和淡然，偶尔带着北京人特有的潇洒腔调。他是 ICB 第一位被剑桥大学录取的学生，人们总能轻易感受到他对生活和专业的极大热情。他信奉“以兴趣为师，与爱好为伴”，认为学习的兴趣、潇洒的心态和适合自己的生活节奏是求学路上最关键的要素。

心中有爱，眼中有光

当 ICB 的 Patrick Dodge 教授回忆起教授史圣朋的经历时，Patrick 坦言，史圣朋是他教学生涯中最印象深刻的学生之一。

作为鲜少带学生做独立研究（independent study）的老师，Patrick 总说，他只收带着对研究领域具有极大的热情和拥有完备计划的学生，而真正能达到他标准的学生则少之又少。史圣朋便是其中一个成功申请到跟着 Patrick 做独立研究的学生。

在 Patrick 的回忆中，史圣朋在申请独立研究时早已拿到了剑桥大学的录取通知书，不再需要为所谓的履历“添砖加瓦”。带着从内而外的研究热情，和对媒体在教育学中应用的极大好奇，史圣朋最终敲响了 Patrick 办公室的大门。

故事的后续自然是一切顺利，史圣朋如愿开启了对教育领域的第一个研究。回顾这一过程，史圣朋笑着感叹，“我觉得真诚的热情是可以打动别人的。”他直言，无论是科研道路或是未来的求职道路上，热情给人带来的感染力永远是无法估量的。本科四年的经历教会了他，越是面对纷繁复杂的环境和选择，越要坚定自己真正想要的是什么。

坚定理想，保持热爱常常是成功的不二秘诀。

潇洒放歌，随心而行

“我不喜欢‘efficient’（高效）这个词。”

对于攻读教育学 PhD 的史圣朋而言，高效并非是一个绝对褒义的词语。当身边大部分的人都过度聚焦于结果时，efficient 在大部分人眼中代表着学习和工作的高效，但史圣朋却有着自己的看法。“当我们为了 to be efficient（提高效率）而努力的时候，恰恰可能错过了学习或科研过程中最美的风景。”

结合在 ICB 和剑桥的经历，史圣朋坦言，生活中要面对的竞争数不胜数。但是，当越来越多的人开始强调“核心竞争力”时，我们却往往忽略了一个细节：我们本不需要和任何人竞争，而是应该争做更好的自己。

“过去，与我们竞争的可能是同学、同事，未来可能还包括 Chat GPT 等各种先进技术。在当今复杂多变的环境下，我们更应该沉下心来想想怎么做更好的自己。”

每天进步一点点，修炼自己，完善自己，给自己更多的力量和从容。其实做科研就像是冰山理论，冰山海平面以下的付出是别人看不到的。专注提升自己，耐得住寂寞可能才是更多优秀学者生活中的常态。

“就像在剑桥，我们总不能天天只盯着牛津竞争对不对？学习嘛，还是应该开心一点。”

多元探索，多彩生活

跨专业申请对很多人而言都是冒险，而史圣朋却从不拒绝探索生活中的多种可能。

在本科的学习和研究期间，教育（Education）和在线交流（Online Communication）是史圣朋最感兴趣的研究话题。但随着科技的快速发展，教育技术发生了巨大变化，史圣朋的研究兴趣也在不断变化。相比于投入最为热门和流行的研究领域，史圣朋选择了从生活的细微之处去体会自己的研究兴趣，真正做到在兴趣中学习。

“大一时，我的绩点在班内并非名列前茅；相反地，我将精力主要放在了实习和在专业相关领域的探索上，这占用了我大一很大一部分时间。”而升入大二之后，史圣朋修习了包括历史、国际关系、经济在内的各类课程，真正做到了多领域发展。回顾自己的本科生活，史圣朋坦言，“出圈很重要”。只有当跳出自己所在的环境和桎梏时，才能更好地认清自己的兴趣，看清这个世界。在史圣朋的兴趣培养和研究过程当中，贯穿其中的是跨学科和创造性的思维模式。

对于史圣朋而言，ICB 自由开放的学习环境和综合知识背景让他早早拥有了重视过程并且努力完善自身的意识。作为中国最早的中外合作项目之一，ICB 开设了包括传播、经济、历史、哲学等多个领域的课程。这些课程在为史圣朋奠定多文化基础的同时，更是教会了史圣朋将本科学到的各类知识都融入未来的学习生活中。

谈及自己的未来规划，史圣朋认为不妨将明天的烦恼交给明天，利用好当下的每一分钟。目前的他正专注于修完博士课程，认真完成手上的每一个项目。生活中总会遇到很多惊喜和意外，未来的每一个机遇和决定都是无法预测的，不如用更好的自己来迎接盎然的明天。

当越来越多的人为得到别人的认可而辛苦奔波时，选择潇洒而活的人已在用自己的方式体验生命的美好。他们不受任何外界的干扰和束缚，拥有属于自己的独特魅力，向世界展示着他们生命中的每一个精彩瞬间。

史圣朋的内心如同一面镜子，清晰而透彻。他时刻保持着自己内心的平衡，不受外界的干扰；他是一个自由自在的人，内心独立而坚定；他的勇气和果敢让人惊叹，也让人心生敬佩。

“潇洒”真是对史圣朋最好的形容词了。

致青春——我和『果园』

张思雯

文/张思雯

作者简介

张思雯，2006—2010 年就读国际学院和英国贝德福德大学“2+1”合作办学项目。毕业后近 10 年从事教育和文化传播工作，现就职于阿联酋教育部中文百校项目的公立学校，负责阿布扎比校区“K-12”级别中文教学和管理工作。热衷于传播中华文化，包括汉语语言、人文艺术等，希望把中国的美带给世界，让世界更加了解中国。

张思雯

距离我离开国际学院一晃已经15年，时间都去哪了？今天，我走在熟悉的校园里，看到“果园”已经搬入了新建的非常现代的教学楼，在楼里还能看到我们这一届学生当年的很多照片，美好的大学时光如电影般在脑海里回放。在庆祝中国农大国际学院成立30周年之际，谢谢你愿意花一点时间来听听我和“果园”的青春故事。

首先简单介绍一下，我是2006级国际学院的学生。我当年就读的国际经贸、广告与市场传媒的双学位“2+1”本科项目，大学的前两年在农大东校区国际学院就读，最后一年在英国贝德福德大学（University of Bedfordshire）就读。本科毕业后我申请了英国莱斯特大学（University of Leicester）的硕士研究生学位，并于2010年年底以优异的成绩拿到了中国农大和英国贝德福德大学本科双学位以及英国莱斯特大学传播学硕士学位（University of Leicester MA in Mass Communication）。

我的父亲曾经在电视台工作多年，受父亲的影响，我对新闻和传媒领域非常感兴趣，所以高考后我毫不犹豫地选择了新闻传播学方向的专业。我从小非常喜欢学习外语，喜欢听英文歌曲，看英文电影，出国留学也是我的梦想。所以，2006年得知中国农业大学国际学院（ICB）有“2+1”的留学项目，同时又有我喜欢的传媒专业的时候，我激动不已。当我报考了这里，成绩达到录取分数线，最终收到了农大国际学院的录取通知书，这时我确信，我的梦想在这里启程了！

2006—2008年，在农大国院读书的这两年，是非常充实而精彩的！在我的记忆中，那时在国内知名顶尖大学里和外国大学合作办学的项目并不多，而农大国际学院是数一数二的。我记得当时开设的基础课程有国际经贸和市场传媒方向的专业课，有辅助我们考雅思的学术英语课，也有带我们提前了解英国文化以及留学所需的知识技能课等。大部分老师是外教，大一开始就是全英文授课，让我们用两年时间提前适应第三年在英国上学的强度和状态。如今我已经毕业13年，再回首，依旧非常认同国院的课程设置和培养模式，为我们在国外的学习和工作生活奠定了坚实基础。除了专业和语言课程之外，我们也可以参加国院和农大多种多样的学生社团，我当年就加入了农大的学生记者团和国院的学生记者团并在之后担任团长。担任学生记者期间，我有幸参与了很多学校和学院的重大活动并进行新闻报道，对我的专业学习是非常好的锻炼和实践。所以我想对现在在"果园"学习的大学生们说，希望大家一定要好好珍惜在国内的这两年时光，抓住机会和老师们学习好专业和语言的基础，与此同时多参加学校和学院举办的各种社团活动，锻炼自己各方面的能力，为在国外的学习和生活打好基础，未来不论在哪里，都能如金子一般，闪闪发亮！

2008—2010年，我在英国完成了本科和研究生的学习，也是我人生中第一次离开父母、离开家，来到异国他乡求学和生活。到如今，英国依旧是我心中非常特别的一个地方。如果现在让我再选择一次，我依旧会毫不犹豫地选择留学，开启独立的人生！

从英国毕业后，我尝试过不同的工作岗位，从电视台到广告公关公司，再到教育行业品牌宣传。后来转到教育行业，2013年我获得了赴阿联酋公立学校做中文教师的机会，2013—2023年在阿联酋首都阿布扎比教育部下属的公立学校负责中文教学和管理工作。习近平主席于2018年7月访问阿联酋，与阿联酋穆罕默德总统共同倡导并启动了"中阿百校项目"，阿联酋政府计划在全国200所公立学校开设中文课程。我很有幸在2019—2023年期间成为中文百校拓展项目（Chinese

Expansion Program）领导团队中的一员，与项目主管 Ms Fatma Al Bastaki 女士一起共事，让中文教学和“汉语热”在阿联酋的公立教育体系里如火如荼地开展。虽然我从事的工作是教育行业，但是对外汉语教学也是向世界传播中国文化，也没有脱离我在“果园”和英国所学的专业，老本行从来没有忘记。如今看到阿联酋当地的学生们从幼儿园到大学，都那么热爱学习汉语，热爱中国文化，我为祖国的发展感到非常的自豪！

回顾过去的 15 年，我感谢中国农大，感谢“果园”，感谢我的老师和同学们，帮助我学习、成长，没有他们就没有今天的我。疫情结束后，我回到了北京家中，作为毕业生，再一次回到农大校园，走在熟悉的教学楼和宿舍楼的路上，百感交集。看到国际学院已经搬入新盖的大楼里，非常的现代，设施完善，农大校园依旧如此美丽，生机勃勃，再一次为母校，为国院感到骄傲！

在这里，衷心地祝愿中国农大国际学院建院 30 周年生日快乐！未来越来越好！

Broadcast – radio, television, and
via satellite
Dev. of cassette tapes to CDs
.mp4 network TV
television streaming, etc.
across society, for

陈晓冬

学无止境的燃点人生

文/徐　湘

人物简介

陈晓冬，1999年就读于国际学院英国卢顿项目首期班，2003年7月本科毕业，本科、硕士研究生均毕业于英国卢顿大学。曾担任赴英项目首期班班长，国际学院学生会篮球协会会长，学生管理中心负责人等职务。

回国后曾任荷兰银行北京分行高级客户经理，从事高净值资产客户服务工作。先后于华夏银行北京分行任支行客户经理和支行个人客户部副经理，从事客户营销和个人业务部管理工作；北京分行纪委办公室副经理、总行纪委办公室监督检查员，从事监督检查和审查调查工作。现任北京市纪委市监委派驻华夏银行纪检监察组审查调查室副主任、华夏银行桥牌协会秘书长。

陈晓冬

作为国际学院早期毕业生，陈晓冬的本科生涯不仅丰富多彩，还为他之后的发展打下了坚实的基础。在他看来，国际学院的独特教学风格不仅帮助他积累了职场所需的专业知识，还开阔了他的国际视野，使他在国内外的生活与工作中具有更强竞争力、更快适应性。

走进国院，走出国门

回顾本科生活，陈晓冬感到十分亲切。

来到中国农业大学求学是陈晓冬第一次进京，作为京内“985”高校，中国农业大学吸引着全国各地的高才生前来求学，这让初来乍到的陈晓冬备感压力。除了新环境以外，国际学院国际化、纯英文的教育模式也加大了适应难度。“国际学院让我的观念发生了比较大的转变，包括世界观、人生观和受教育理念等。”而面对挑战，陈晓冬选择迎难而上，克服困难。

与国内院校相比，国际学院最突出的特点便是授课方式方法。“传统授课的话往往是按照课本从头讲到尾，每个知识点讲得都很细致，考试前会大量刷题；而国际学院注重的是学生自学能力，更具有开放性包容性。外教可能会天马行空，或者提出个论点，组织大家讨论；但是课程结束提交作业的时候，就需要付出更多努力，包括在网上搜索专业知识或图书馆翻阅文献。”因此，国际学院首先培养的便是学生的自主学习能力，并让他们真正走进了国际化的课程。

而对于时间管理，陈晓冬认为这也是国际学院中外结合教育的好处之一。因为老师留的作业很多都需要进行详细的调查讨论与周密准备，所以他需要时刻把工作干在前面，预留出修改和调整的时间。针对老师布置的小组作业，陈晓冬经常需要“主动出击”，规划好时间。

"无论是和同学一起完成项目还是撰写研究报告，有效利用时间都是非常重要的。否则即使在截止期限前完成了布置的任务，成品也一定会很粗糙。"

国际学院的学习，让陈晓冬在规划未来和时间管理能力方面得到了极大的提升。他为自己设立了明确目标，短期内打牢英语基础知识功底，抓好专业课学习；中期内顺利取得毕业证书，做到不掉队；长期来看，通过校内外实践锻炼，为从事合适且有意义的工作做好充分准备。

"曲则全，枉则直；洼则盈，敝则新"

有着国际银行高级客户经理、总行纪委办公室监督检查员等工作经历的陈晓冬深知情商和逆商的重要性。在他看来，情商和逆商在我们从大学走入社会职场的过程中有时要比学历本身更加重要。

简单来说，情商就是情绪的管理能力，能够自我意识，各种场景下控制住情绪，不断自我激励，认知他人情绪并处理好相互关系；而逆商就是在不利情况下的心理应变能力和心理韧性，能够接受别人对自己的批评指正，保持心胸豁达，不断提升个人素质和综合能力。逆商，在陈晓冬看来则更为复杂，因为这种品质与领导力息息相关。

本科期间，作为班长的陈晓冬致力于团结班里的每一位同学，注重与家境、价值观等各不相同的同学在日常学习生活中沟通交流，提高沟通共情能力。如在集体参观学习韩村河先进事迹教育活动中，有的同学找各种借口打退堂鼓；学院校舍紧张，班级需要临时集体搬迁到石景山区射击宾馆，同学们的思想波动比较大，协助学院做好大家思想工作就显得尤为重要。

“有困难一定要顶得住，特别是作为班长，需要把大家快速凝聚起来、共同迎难而上。以后进了职场，这两个品质必须同时拥有才能不断进步。”

俗话说：“纸上得来终觉浅，绝知此事要躬行。”也正因此，陈晓冬建议同学们在校期间尽可能多地参加校内社团活动，格外提倡在大学期间多参加社会实践活动，磨炼个人的品行和意志，遭受一些挫折，锻炼一下心理承受压力，既要克服“社恐”症状的畏首畏尾，又要避免盲目自信的好高骛远。

拼搏就有收获

国际学院毕业生都是见多识广、拥有广阔视野的青年才俊，但是当真正面临工作中各种未知的领域和盲点时，脚踏实地、学无止境仍然非常重要。

在银行工作期间，陈晓冬表示虽然遇到的困难和在学校学习相似，但解决起来更加复杂，也需要更细致地思考与规划。职场中个人品质和工作自主能动性尤为重要，与人为善、以诚待人会赢得同事尊重和领导赏识，同时工作中要主动学习他人的成功经验，虚心接受别人的意见批评。

“以营销工作为例，如果要拜访营销某个重点客户，那么产品方案设计的怎么样，与其他同业相比有什么优缺点，客户单位在哪里，什么交通工具更加便利，我方拜访人员和对方接待人员人数和级别如何等事宜，都是需要提前考虑并充分准备的。”在陈晓冬看来，银行专业知识、风控意识、沟通宣传都是需要不断完善的技能；工作当中更要保持细心、落实细节、虚心请教，久而久之就能取得信任，扩大人际网络，自己也有机会获得更重要的任务和机遇。

从营销转向纪检工作后，陈晓冬很快就调整了节奏，开始钻研纪检方面的专业知识，不断锻炼提升自身逻辑思考能力。每当需要学习新知识新技能时，陈晓冬都会意识到国际学院培养学生独立学习的重要性。他认为进入职场之后独立学习、独立思考是常态。即便是在培养兴趣爱好中，往往也需要我们去仔细钻研，才能玩得出彩。

常言道，学而不厌，诲人不倦。国际学院提供的国际化教育体系和多元的文化背景，不仅拓宽了学生眼界，也培养了学生日后走入职场、走入社会所需要的各项重要技能，帮助学生建立了自信，让他们成为更好的自己。

作为学院成功实践这一理念的鲜活案例，陈晓冬不仅将学到的知识付诸实践，还用自己积累的经验回馈社会。他坚信只要愿意努力、持之以恒、善于沟通，并制定短期和长期目标，每个人都能在人生的大舞台上创造出属于自己的精彩故事。这种信念不仅激励着陈晓冬，也更应该成为我们每个人的动力，去追求更有趣、更有意义的生活。

从理论到实践，是博士但不是『学霸』

种法宇

文/种法宇　史盈轩

人物简介

种法宇，2014年就读于国际学院农林经济管理专业。在美国俄克拉何马州立大学学习期间，曾任学生辅导员。本科毕业后，获得佐治亚大学全额奖学金并攻读环境经济学硕士学位。2020年考入弗吉尼亚理工大学，攻读林学博士学位，致力于研究林业与自然资源经济领域。

种法宇

进入国际学院是种法宇高中时期的梦想，彼时，她在石油附中（现北京一零一中石油分校）上学，“农大离我们家比我的高中还要近”。回家路上，她总会路过石油勘探院对面的农大，“农大是‘985’，是很好的学校，而且我有出国读书的计划，于是国际学院就成了完美的结合体，尤其是这种‘2+2’的模式，可以在国内准备得充分一些，又有其他小伙伴一起，相互有个照应。”

梦想顺利成真，种法宇如期来到国际学院。源于对自然科学和社会科学的热爱，她选择了OSU项目中的“农林经济管理”作为自己的专业，后来又沿着这条路一直念到博士，她表示，“虽然平时基本生活在城市里，但我天然地就喜欢花花草草，对它们有无限好奇。”

是博士，但不是“学霸”

既然是梦想，便不只有好梦，有时也会遭遇“噩梦”侵袭。种法宇从小没有离开过家，更没有在外面住过，于是军训的第一天，她便哭着骑着自行车回家了，“刚上学那几天特想家，天天偷偷哭，那时无法想象离开家如何生活。”

后来遇到舍友们，种法宇逐渐克服了想家的痛苦，她将舍友们称为“在国际学院最大的收获”。那时不能每天回家，被迫住宿，与周围同学的喜好相似，背景相近，又有着同样出国的目标和开放的心态，想法一致，越了解，就越觉得亲切。种法宇又提到即便是现在读博期间，和舍友依然保持着每天联系，舍友也给了她很大的帮助，每天分享生活趣事或片段，乐意无穷，她说，“我是非常幸运的那一个。”

种法宇提到，“后来我的科研目标变得不明确了，我的舍友会一直鼓励我，让我端正态度，跟我分享学术会议的准备，还建议我要对自己有怎样的规划来完成学业，等等。”她又补充道，“舍友是国际学院UCD项目的，现在也在读博。我们现在都在研究环境方向的领域，可聊的学术和生活话题还是蛮多的。我不是学霸那种类型的，她帮了我很多。”

从本科到硕士的跨度很大，本科的教学偏向基础，种法宇由于对自然科学很感兴趣，修了土壤和统计方面的课，又是源于这种兴趣，种法宇在攻读硕士学位时继续选择了环境经济这个方向，当真正投入研究的时候才发现课程的难度飙升了，尤其对数学的要求很高。

种法宇回忆起当时，坦言自己深受朋辈压力的影响，她说，“我其实之前学习一直还可以，肯定不会太差，不过当时有来自世界各地的同学，他们都非常聪明，思考的角度也和我不同，他们理解问题之后又能把那个问题提高一个难度，所以我那时也想要逼自己努力一些，”她又谦虚地评价自己，“硕士不算是‘水’过来的，科研和编程也学到了很多。”

最开始读硕士的第一学期，种法宇还没有自己的办公室，那时她总是去图书馆做研究，温习课业。随后的几个学期里，她终于拥有了自己的办公室，和其他研究生一起，学到深夜也是时常的。有时她听到其他学校的同学每天在研究上花12～16小时，也会忍不住自我检讨。不过在与deadline（最后期限）的相互追逐之间，种法宇渐渐找到了自己的节奏。

在与其他国际同学交流的过程中，种法宇表示开放的心态也得益于大一大二时期的培养，“在国院的两年，除了课业，和外国的教授接触让我们拥有了包容的心态、开阔的视野，而且更加了解美国文化。”种法宇说，后来即便是和美国本土的学生比较，那时积累下的文化素养也是丝毫不逊色的。

除此之外，那时的小组作业和 presentation 也锻炼了种法宇多方面的能力。来到美国之后，她反而没有那么多练习 presentation 或者是在公众面前讲话的机会了。后来种法宇读到研究生，越发深刻地认识到做研究不仅要有结果，还要承担传播的责任，要和别人讲明白研究目的，即便是在很多人面前也要保持自信，而且要有逻辑。于是之前两年积累的演讲、讨论，以及和同伴一起分工项目、完成项目再展示的经验就变得至关重要。

种法宇还特别提到了和教授们一起度过的 office hour，“当时的氛围真的蛮好的，老师给予了我们很多帮助。”后来读博时遇到疫情，和老师的交流受到阻隔。不仅如此，博士课程的 office hour 也和本科时非常不同，老师基本会交给助教来做，学生不能再依赖老师，要更加自主。

此心安处

读本科时，她也常常熬夜赶作业，她回忆道：“那时候宿舍熄灯或者是断电了，我还会在被窝里面赶一会儿作业。”平常白天种法宇会到三教自习，整体上建筑更新，而且有插头，能充电。那时新图书馆还没有建完，直到种法宇毕业时，才刚刚完成，不过她本科毕业回学校，新图书馆还没有开放，所以她至今还没有进去看过。

10 年前，国际学院成立 20 周年的时候，种法宇还在念大二，院庆的晚会给她留下了很深的印象。10 年后，她已经读博士第三年了。大三大四的时候初到国外，也会萌生出想家的情绪，但是她不会再像从前那样骑车回家了。课程很忙，没有时间伤心，她不断告诉自己寒暑假都能回国，以此疏解思念。后来从硕士到博士，从佐治亚大学到弗吉尼亚理工大学，她听从导师的建议，多接触一些学校，感受多样性。学术会议录取、论文投了期刊、跟老师做的研究也有了进展，种法宇能看到自己的进步。“有时理论的东西行得通，成了实践，就会很高兴，觉得毕业充满希望。”

种法宇表示，自己现阶段的目标就是完成学业，至于未来，导师强烈地希望她能够留在学术界，像每位导师对自己学生期望的那样。但是她有自己的想法，希望到非营利组织探索，或是到实践领域，给农民科普一些经济类的知识。“我也是这两年才发现，自己对这种非营利组织还是挺感兴趣的，希望自己做的事情能够帮到别人，这是很有意思的事情，包括之前我也申请过当时联合国的一个有关农业机械的实习，但是最终因为疫情没有去成。”

现在疫情终于过去，对于种法宇而言，未来仍有无限可能。

马雨朦

所有跋涉，都是为了抵达

文/丁谊嘉

人物简介

马雨朦，2007—2011 年就读于国际学院传播学专业。在校期间，曾荣获国家奖学金，以科罗拉多大学一级优等生身份毕业，并作为毕业生代表在毕业典礼上发言。2011 年进入美国西北大学传播学攻读硕士学位。2014 年回国后入职阿里巴巴集团国际站（Alibaba. com）从事中国供应商业务，曾任中国北方大区市场部经理、头部客户运营等职责。现任阿里巴巴国际站海外供应商事业部东南亚市场部总监，带领包括印度、巴基斯坦、越南、泰国、马来西亚、新加坡、印度尼西亚 7 国海外市场团队，从事潜客运营、活动营销、内容营销、头部客户、商业产品运营等整合营销工作。

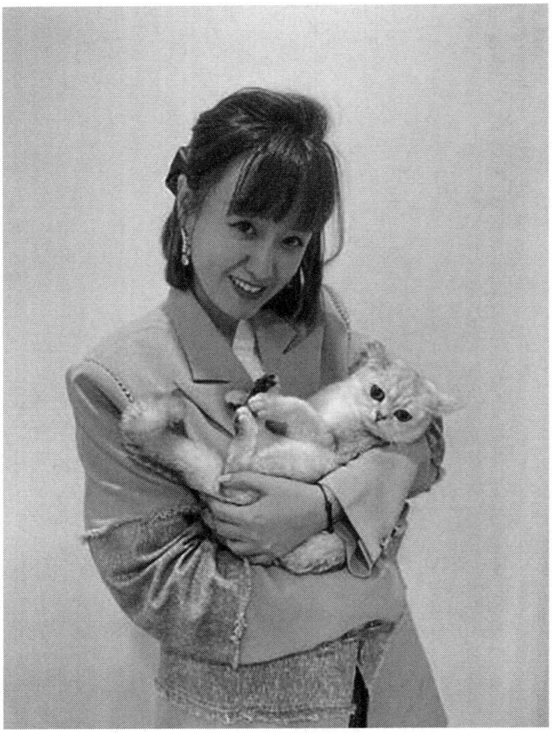

马雨朦

指针指向晚上 8 点，马雨朦准时上线腾讯会议，她说话干脆利落，热情爽朗的性格瞬间拉近了我们的距离。当回忆起在国际学院度过的青春岁月，她表示这是一段美好且难忘的日子，国际学院像一个孵化器，培养了让她受益匪浅的能力。而她始终积极求进，在前行的路上坚定跋涉。

国院课堂——不局限于专业课教学

马雨朦的本科专业是传播学，国际学院不仅提供了系统的传播学教育，也设置了许多可以提升学生整体素养，赋予学生多元能力的课程。“我觉得英语文学（English Literature）特别有意思，在课堂上我们阅读了许多文学家的诗集和小说，比如《呼啸山庄》《了不起的盖茨比》等，我至今都记忆犹新。”马雨朦如是说。虽然文学的魅力无限，但在英文小说生词多、人物关系错综复杂的情况下，阅读原著并不是一件容易的事。但马雨朦仍然甘之如饴，认真揣摩文章脉络。“当真正走进小说，以主人公视角看待全局，我也有了很深的情感共鸣。”这门课让马雨朦能够透过文学作品的映射去了解特定历史时期的文化氛围，以及小说希望反映的社会现实问题，对拓展她的视野以及提升文学素养提供了帮助。

同时学校的演讲俱乐部也让马雨朦十分难忘，她当时代表学院参与了北京外国语大学主办的全国英语辩论赛，第一次了解到英式辩论与美式辩论的差异，同时在辩论的高压状态下，要求辩手有较强的听说能力，能针对对方逻辑上的谬误进行反驳。“这很锻炼人的逻辑化思考和体系化表达，传播学也要求学生有较强的听说读写能力，在演讲俱乐部我的这些能力得到了很大的提升。”并且马雨朦分享了自己学习到的演讲的多种类型，例如命题演讲、电梯演讲、即兴演讲，有读稿时不容在表达上出一丝差错的，有需要即兴补充回答观众问题的。演讲俱乐部加深了她对演讲的了解程度，也对培养她与他人进行有效的信息交流，成为一个优秀的公共演讲者奠定了坚实基础。对于马雨朦来说，国际学院提供了丰富的课程，大家需要有效把握学习资源，自主创造成长场景，非专业课也能帮助学生开阔眼界，我们要在课堂中积极探索，保持好奇心，才能更好地成长。

国院生活——积极“打怪”才能升级快

对于马雨朦来说，选择国际学院意味着接受了更大的挑战，从入校开始就要着手规划大学生活，应对多元考验。相比于国内的大学大一时期可以较为松弛地度过，国际学院的学生在入校第一年就面临着语言关卡的考验。不仅是全英文的课本、作业与授课模式，而且大家需要在大一升大二时提交雅思或托福成绩，这要求学生们在入校时就着手准备。闯过了语言关卡，在入学第二年大家面临着出国交换或者大学四年都在国内就读的抉择，国际学院从大二开始的自主选课模式为学生提供了选择兴趣方向的自由，但也需要大家认真规划课程，摸索最适合自己的课程安排，拥有自主权的同时也要严于律己才能让大学生活丰盈充实。

在大三时期，要着手于实习和选校，为申请研究生做准备。所以在马雨朦眼里，从大一到大四面临的挑战难度是递增的，就像是游戏里的“打怪升级”一样。彼时马雨朦在本科期间没有出国交换，未出国的国院学生像是夹心饼干，大家接受北美的课程教育，但无法更多地感受国外的文化氛围和校园环境，身处中国但需要与来自英、美的教授打交道，这给大家造成了同在国院却拥有“时差”的局面。马雨朦为了尽量减少差异，除了经常参与国院举办的各类课外活动外，还常常与教授课下沟通，把握 office hour 来探讨作业和学术问题。

虽然大学四年经历了多种挑战，但马雨朦的适应能力变得更强了，她抱着勇争第一的心态与矢志不移的决心，收获了 3.9 的高绩点，拿到了国家奖学金，作为毕业生代表发言，前往美国西北大学攻读传播学硕士学位，并继续带着一身冲劲去攻克未来的难关。

国院启迪——学以致用，知行并进

国际学院的培养目标，不仅在于让学生习得专业知识，更强调帮助学生养成长期受用的品质。马雨朦在步入职场后，体会到了在国院打下的坚实基础的重要作用。回国后马雨朦加入了阿里巴巴团队，初入职场时她的第一任主管就教导她要放下自我。放下自我代表着抛开过去的成功经验，让自己变成一块海绵，试着去吸收和接纳。“就像在国际学院时强调团队协作一样，职场也需要团队协作，一份完美的小组作业不是需要团队中的某一个人特别厉害，而是需要最大化发挥每位成员的优势。”在工作中马雨朦也不断参悟这个道理，她放下自我以欣赏的态度思考人们身上哪些品质是值得学习的，哪些优势是可以帮助团队更好发展的。在他人还在吐槽别人之时，优秀的人已经学会了用人之长，帮助团队走向成功。

同时马雨朦在阿里巴巴国际站工作，团队内成员来自世界各国，彼此间不仅有文化差异，更存在时差与工作习惯的不同，如何凝聚多元化的成员，且制定出合理的管理方案，需要领导者有极强的适应能力和包容开放的眼界。并且马雨朦所在的团队为东南亚片区 7 个国家的企业提供服务，而不同国家的市场情况也不相同，需要针对各地的经济发展情况制定差异化的商业模式。在存在诸多不同的环境中工作，首先需要认识到差异，并快速反应制订个性化方案解决问题，只有适应力强且思维敏捷的人才能更好地胜任工作。对于从进入国际学院开始就逐步适应不同文化环境并逐渐拥有国际化视野的马雨朦来说，工作虽困难重重但仍能应对自如。

作为毕业于传播学专业的学姐，马雨朦总结了三要点送给学弟学妹们：首先要培养自己的数据化思维，懂得剖析数据背后反映的问题；其次要学会体系化的思考，辩证地看待问题，拥有全局视角；最后要懂得结构化地表达，以条理且大众易接受的方式输出观点。

结语

前行的路充满艰难险阻，险象环生，马雨朦从国际学院的优秀毕业生代表到留美六年初露锋芒的职场新人，再到阿里巴巴国际站亚太区市场总监。这一路她不断跋涉，完成了一个又一个目标，但她相信自己始终在路上，未来是崭新的，马雨朦会带着初心继续乘风破浪。

我与热爱终将相遇

赵若萌

文/智佳源

人物简介

赵若萌，2018 届国际学院中美俄克拉何马州立大学项目（OSU 项目）农林经济管理专业毕业生，辅修食品科学。2018—2020 年于美国明尼苏达大学双城分校攻读食品科学专业硕士学位，辅修应用经济。2021 年至 2023 年 5 月，就职于益普索（中国）咨询有限公司医疗保健（Healthcare）组，担任高级研究员。2023 年 5 月至今，就职于中粮营养健康研究院消费者与市场研究中心，担任助理研究经理。

赵若萌

在青春的十字路口，赵若萌面临重要的抉择。最初渴望进入中国农业大学学习食品科学的她，最终选择了 ICB 的 OSU 项目，进入农林经济管理专业学习。但她没有放弃对食品科学领域深深的兴趣和热爱，和心中对知识探索的坚定追求。年轻开朗的她在接受采访时分享了自己一路以来不断追寻，最终与热爱相遇的故事。

学生时代：一点遗憾＋无数缤纷

在 ICB 的日子里，赵若萌的身影活跃在校园的各个角落。她曾在校内的咖啡厅轻松愉快地打工，那里的每一次咖啡制作都是对生活细节的体验。她也积极参加历史展览会，其中的每一次展示都是对知识的深入探索。在课程的小组项目中，她与队友们紧密合作，共同研讨，每次讨论都是对团队合作能力的锻炼。这些丰富多彩的经历不仅充实了她的知识储备，更让她在校园中结识了许多志同道合的朋友，这些朋友陪伴着她走过 ICB，走过俄克拉何马州，成为她人生旅途中不可或缺的一部分。

在学术上，她虽然并非一帆风顺，但总是斗志昂扬。在面对会计等难度较大的科目时，她遇到了不少挑战。面对这些难题，她没有退缩，而是以坚定不移的决心和毅力一一克服。她用加倍的努力去理解复杂的财务概念和计算方法，晚上经常在图书馆苦读，与同学们互相讨论互相帮助。同时，她还积极适应 ICB 全英文的教学环境，这种不断进取的精神和勇敢面对挑战的勇气，展现了她作为一名国院学子的适应力和决心。虽然与理想的专业失之交臂，但她一直没有放弃对美好生活的追求与热爱。

职场生活：一点挑战+无限机遇

本科毕业后，她选择继续在明尼苏达大学的食品科学专业深造。面对本科学习背景与研究方向的差异，她没有选择回避，而是勇敢地迎接挑战。她在实验室中辛勤工作，与导师和同学们深入探讨。她的每一个实验，都是对知识深层次的挖掘和对梦想的不懈追求。

在学术之路上取得显著成绩后，她的职业路径转向了充满挑战和机遇的市场研究领域。她先后在益普索公司和中粮集团任职，利用自己在食品科学和市场分析方面深厚的知识储备，开展了一系列有影响力的市场研究工作。她的研究不仅助力企业捕捉市场动态，也为食品行业的发展贡献了智慧和力量。

在职场中，她对就业市场拥有过人的敏锐洞察力。她认识到，对于年轻一代而言，灵活多变的工作选择和职业规划变得日益重要。她坚信，大学时期通过实习和实践活动，探索不同行业，是找到适合自己职业道路的关键。她的这一见解，不仅是对自身经历的总结，也是对年轻人职业发展的宝贵建议。她的职业旅程，是对梦想和实践完美结合的生动诠释，她的故事激励着每一位追求梦想的年轻人，让他们在不确定的世界中找到自己的定位。

不断追寻：满怀热爱+一腔热情

在她的人生舞台上，她对食品科学深深的热爱如同一束不灭的光，照亮了她的学术道路和职业道路。她的热情不仅是一种情感的流露，更是一股推动她不断前进的力量。在做每一个关键决策的时刻，她都让内心的热爱成为最重要的参考，这种对兴趣的忠诚和坚守，使她在食品科学的广阔天地中绽放光彩。她的生活中充满了对知识的渴望和对新事物的好奇。每当遇到新的课题，她都会全身心投入，用她细致的观察和深刻的思考去探索科学的奥秘。在实验课程里，她如同一名勇敢的探险家，在试管和微生物的世界里寻找答案。在市场研究的领域中，她又化身为洞察者，通过数据和分析解读市场的脉动。

正是这份对食品科学不变的热爱，让她在学术的道路上稳步前行，也引领她在职业生涯中找到了自己的独特定位。在她的人生旅程中，这段对食品科学的追求不仅是一段难忘的经历，更是她人生故事中最耀眼、最动人的一部分。

赵若萌回首往昔，心中充满了深深的感慨。她的人生旅途虽曾经历迂回曲折，但每一次选择，无论多么曲折，最终都汇聚成了她对兴趣和目标的坚定追求。她见证了母校岁月的变迁，亲历了学术环境的发展，同时也在这个多变的世界里，坚定不移地追寻自己的梦想。赵若萌的成长故事和经历向每一位梦想追求者传达了深刻的信息：只要怀揣热爱，勇于面对生命中的种种挑战，就能在人生的画布上绘制出独一无二的精彩。她的故事彰显了坚持与勇气的力量，证明了只要心怀梦想，哪怕道路崎岖，也能开拓出一片属于自己的天地。

在她的人生轨迹中，每一个决定、每一次尝试，都是对自我认识的提升和对梦想的坚守。她的故事不仅是她成长的缩影，更是一盏明灯，照亮着前行的路，激励着每一个坚持梦想的人，在人生的舞台上勇敢地绽放自己的光芒。

李子昂

通往耶鲁的逆袭之旅

文/史盈轩

人物简介

李子昂，2023 届国际学院农林经济管理专业毕业生，现就读于耶鲁大学生物统计与数据科学专业。

李子昂

来自申请季的第一封 offer

收到耶鲁录取通知书的那一天，李子昂正在商场里逛丝芙兰。时值申请季，她已经向十几个项目投出了材料，可是直到 2 月底，收到的却只有拒信，一封 offer 都没有。于是再次看到新邮件时，她的手是颤抖的，内心充满了恐惧。终于说服自己，“大不了就是再多一封拒信”，打开了邮件，没想到伴随着浏览器的自动翻译，首先映入眼帘的是“恭喜你”三个字。李子昂回忆起当时，感慨道：“我一下子就懵了，特别惊讶，赶紧把页面又翻译回英文，才看到真的是被耶鲁录取了。我和男朋友都很激动，拍桌子在那狂喜，那是一个让我终生难忘的时刻。”

刚到耶鲁时，李子昂也会怀疑自己：“我身边围绕着一群特别优秀的学生，让我觉得很害怕、焦虑。”直到学校举办入学指导（orientation），老师的一番话意外地帮她走出了这种情绪，“耶鲁在选择学生这方面从来都不会犯错的，如果你今天坐在这里，那就说明我们相信你的能力，也请你相信自己”。彼时老师在台上充满激情地讲演，而李子昂坐在台下早已热泪盈眶，她暗自坚定了信念，决心不管多难的任务，都要一步一步去攻克它。

“零分”意味着还有提升的空间

实际上，她一直是这样做的。初次踏出国门，大三的李子昂连点餐都觉得困难，但她从来没有选择停滞不前。而正是在克服重重阻碍的过程中，她一步步地适应，逐渐拥抱新的生活。

“新”体现在很多方面，不仅有生活上的新，也有学术上的新，李子昂在硕士阶段选择攻读统计学（Statistics）和数据科学（Data Science），和本科的专业农林经济管理完全不同。当然，她早在本科阶段就做了充分的准备，在2年之内拿下3个学位，除了本专业的学位，还深入学习了统计学和数学，每个学期都要修至少25个学分的课程，即使到毕业前的最后一个学期，她都保持着这样紧张的节奏。“顺应大环境肯定很重要，同时我也觉得相比经济这些偏理论性的知识，我更希望能有更多实践经验（hand on experience），比如后来学到的程序设计技术（Programming Technique）就很实用。”

起初，她对电脑一窍不通。在大三上学期，她第一次接触计算机这门学科时，甚至不会打开Java的电脑程序，更别提编程语言了。正如她所说的：“这对我个人来说也是一个挑战，每天和电脑在一起，要完成coding，对我来说都是很难的，但我就是想努力挑战自己，去完成这个事情。”于是她抓住每一次宝贵的机会，那节课的office hour是每周三早上的七点，她便每天早起，一次不落，一步一步地去学。如果发现当天的课听不懂，李子昂也会及时地和教授发邮件沟通，要一些当天的笔记，再转化成自己的理解和思考。日复一日，终于掌握了节奏，不仅顺利度过了那门课，还在数据科学等领域有了更深的造诣。到了读研期间，她已经足够老道，能够熟练地使用Python、R等一系列编程语言和统计理论。

谈起申请到耶鲁大学的故事，李子昂坦言，除了自身的努力，也要感谢身边的人，这一路来，少不了来自老师、朋友的帮助。

在国际学院就读期间，李子昂常常被学院里老师们的学术热情所感染。她说：“他们的眼睛里都闪烁着对自己专业的热情，诚心诚意地愿意去帮助你。”她特别提到了Dr. Bruce McFarling，他教农业经济管理专业的专业课，体型偏胖，每次上课都是笑容满面，穿着西装，打着领带，连颜色都是搭配好的。“你不光能看到他对学术的热爱，还能感觉到他对生活的热情。”那时候上交正式的论文（paper）之前，还需要上交一篇草稿，教授非常严格，连行间距都要拿尺子去量，只要不合格就是零分。可是这个零分并不意味着差劲，而是意味着还有很大的提升空间。

于是李子昂会和其他同学一起去 office hour，而教授也乐于帮忙，一篇一篇地、逐字逐句地修改，常常从下午两点改到晚上九点，改到最后已然汗流浃背。“看到他那么大年纪了，还在那里特别认真地帮助我们，我真的特别感动和感恩。”

按照自己的节奏去生活

如今迈入研究生的新阶段，教授们依然热情，愿意给学生提供帮助，但这种帮助是有限的，剩下的部分还是得靠李子昂自己摸索前行。“我本科的时候学的并不是这个专业，转到统计学（Statistics）和数学（Mathematics）的时间比较晚了，所以说现在会觉得有些难。”

尽管困难，但是李子昂也在这种学习的过程中找到了快乐和成就感。她第一次产生这种感悟还是在大二的时候。也许人们无法想象，斩获耶鲁大学 offer、克服重重困难的李子昂竟然也曾有过留级的体验。她坦言：“我大一的时候成绩是非常差的，绩点只有零点几，最后导致我甚至没法升入高年级学习。”后来，经历了这种“完全不学习”的阶段之后，李子昂觉得自己已经走到了一个连玩都不知道玩什么的状态，于是她觉醒了。“如果是时候开始了，其实你自己会清楚的。”不过，对于大一的那一年，李子昂表示并不后悔，因为这有机会让她体验到完全放松的大学生活。

其实，连李子昂自己都不敢相信，自己最终能够申请到耶鲁大学就读，不过命运也许早就埋下了伏笔。在刚开学的那一年，她回到校园，开始了自己的学习之旅，跟着老师的进度，认真完成作业，尽全力做到最好，一点一滴积累，直到今天。坐言起行，正像李子昂所说的那样："按照自己的节奏去生活吧！"

翟雷

学生时代收到的老师的教诲+寄语

文/杜昊阳　吕金蔚

人物简介

翟雷，1999年考入国际学院经济学专业，2003年毕业后赴英国布里斯托大学读研，获得经济金融管理硕士学位。2005年加入汇丰中国环球银行管理培训生项目，后定岗在金融机构部，现任汇丰中国金融机构部华北区董事、总经理。

翟　雷

作为拥有159年历史的全球性外资银行，汇丰银行深度参与了中国改革开放的发展进程。翟雷自2005年加入汇丰以来与汇丰一同见证了过去近20年中国金融市场的蓬勃发展。让我们借本次专访一同走进翟雷加入工作前在国院的故事。

9月15日上午，翟雷在国贸CBD（中心商务区）接受了我们的专访。他作为国际学院较早的一批优秀学子代表，见证了学院20余年砥砺前行的光辉历程。窗外的高楼、车水马龙的景象构成了城市的斑驳光影。翟雷端坐桌前，和我们回忆起他与学院共同成长的青春岁月。这段美好回忆带给人的感觉正如他身后今天的城市外景一般，天朗气清，惠风和畅！

对国院的印象

提及选择国际学院的原因，翟雷表示自己很早就有了出国读书的规划，彼时正值中国迈向全球化的关键时机，出国读书成为广大中国学生拓宽国际视野的重要途径。而国际学院的出现更显得恰逢其时。作为中国最早的正规中外合作办学项目，国院不仅拥有双语教学的优势，更积极融合了中西方的教育理念和多元文化，为大家提供了在北京就可以接受国际化教育的平台。面对这个年轻而富有活力的学院，翟雷坦言："当时的我怀揣着强烈的愿望渴望开拓国际视野，而国际学院恰好提供了这样的优秀平台。"

尽管有了一定的心理准备，入学后翟雷还是体会到学院的培养模式和传统教育区别很大。"在学院学习和生活，很多大方向都可以由自己选择自己决定，开放性很强，非常锻炼个人自主性。这给予了每名学生很多空间去选择自己真正喜欢的东西，安排时间，而不是被约束在一个非常明确的框架里，这让我非常喜欢也非常受益。”“学院老师们的教学方式也非常多样，在教学内容和进度上不拘泥于课本或既定的教学计划，这样便于学生在某些点上产生兴趣时可以更加尽情地深入探索。”他还提到：“现在回想起来，学科选择和成绩计算的设置方式非常合理，既保留了充分空间让学生自主选择，又在一定程度上确保了每个学生知识领域的广泛性。”在这样的学习环境中，他以开放的心态广泛涉猎不同领域，丰富了自己的知识和经验。这些宝贵的感受和经历为他之后的发展奠定了重要基础。四年国院生活也成为他未来勇敢面对挑战，不断攻坚克难的底气。

国院学习生活中印象深刻的人和事

路虽远行则将至，事虽难做则必成。回忆学生时代，翟雷谈及对多位老师印象深刻，其中两位至今令他记忆犹新。

一位是教国际关系的外教教授。由于国际关系对于中国学生来说比较陌生，而教授本人的教学方式又出名的严格，很多同学都很焦虑自己可能会挂科，翟雷毫不避讳地说自己绝对是其中的一员。“上这门课时，同学们压力都非常大，对于中国学生来说，首先是对课程内容非常陌生，再加上专业词语晦涩难懂。而刚入学英文水平有限，所以很多同学都非常焦虑，我自己也是期盼能够努力勉强通过。”出乎翟雷意料的是，他这门课最终得到了满分。“我至今都记得老师告诉我我获得满分时的情景。对于文科来讲，满分这个分数本身就是象征意义大于实际的，绝不是说我的见地有多么深刻全面。老师说得很明确，他看到我平时勤奋努力的态度，以及在论文里看到一个完全独立理考的过程。”翟雷动情地回忆道：“这件事对我的思想冲击非常大，因为它让我切切实实地感受到，不以结果论成败而是尊重和认可努力过程的价值观是真实存在且是这么有力的！这对我之后学习、工作、生活的帮助都非常大！”

另一位给翟雷带来深刻影响的是如今已成为国院副院长的许廷武教授。回忆往昔，翟雷表示许教授的数学课中有几门是很有难度的，不少同学不能在课上完全理解吸收，想得高分并不容易。“对于较难的那几门课，有不少同学在期中期末考试前找老师问很多问题，多到了许老师干脆给我们增加整节课重新讲解很多难点。许老师白天的课是排满的，只能牺牲晚上的休息时间给我们加课。”翟雷迟疑了一下，还是分享了一段温暖的回忆：“有一次，我知道许老师完全没有时间吃晚饭，因为他上完一天的正课已经七点了，紧接着跑来我们临时找的一间教室给我们答疑。他一进门和我们互换眼神时双方就都很清楚了，许老师已经很疲惫了。学生们却感觉盼来了救星，进门就开讲，讲到八点多，趁他给几个同学看具体问题的时候，我冲去小卖部买了个汉堡回来偷偷递给他。许老师趁着同学们读题的时候，到墙角背过身，连一分钟都没用就吃完了又立刻转回身来。虽然是太累太饿了，但还是怕耽误同学们的时间。我当时心情相当复杂，感动，温暖，以及有些愧疚自己怎么平时没学好非得让老师们这么累给我们来补课呢。说实话这个感觉促使我后来上许老师的课认真了很多，后来的成绩自认为也对得起许老师了！在后来的工作和生活中也是，我时常会回忆起这个情景，它让我觉得，自己应该非常努力才能回馈别人对我的付出。”说到这里，翟雷脸上流露出满满的怀念和一点俏皮：“真希望下次见到许老师问问他还记不记得，真想对他说句谢谢。”

正是老师们的勤勉付出，让国际学院能够日新月异。如今的国院早已成为成熟的中外合作办学典范。一批批国院人与学院共同成长，踔厉奋发、锐意进取，积极在国内外的高水平舞台上展示着自己高超的素质。

对国院和对自己工作的思考

翟雷回忆到自己当初上学时学校的很多新楼还未建设完工，“有我们那个时候看到的一种美，但肯定没有现在完善，像是一片工地，甚至整个北京都是一片大工地，到处都在施工建设”。那是一个飞速发展的年代，是中国梦腾飞的年代。中国的发展离不开与世界的联通。

谈及现在的工作，翟雷介绍道，汇丰作为一家在华外资银行，致力于服务客户的跨境和全球需求，力争成为中西方金融的桥梁。汇丰中国助力众多外资企业在华落地生根，也帮助很多中资企业在海外市场开枝散叶。“与世界联通才能发展得更好！当在工作中能够感受到自己的努力可以切实地帮助中国企业和金融机构在海外解决问题并发展壮大时，确实是挺有自豪感的！”

“国院也是一座桥梁，连通中西方的教育理念和文化交流。”过去30年我国的外向型经济飞速发展，国院培养的一批批优秀人才恰逢机会登上各行各业的舞台大显身手，在自己的岗位上为行业和社会做出贡献。

谈到对国院的憧憬和对学弟学妹的嘱托，翟雷说道：“嘱托这个词太大了，如果说是建议的话，我想建议在校的同学们好好享受这个能心无旁骛专心学习的年华。老话讲‘艺不压身’，工作近20年回头看，真的没有哪项知识是用不上的。无论是专业技能还是陶冶情操，学生时代的积累一定会对自己加倍回报，而咱们国院的课程选择又那么多样和平衡，多好的平台啊！听说咱们学院正着手建立校友会，甚至是不同领域的分会，我特别期盼。很期待和同学们加强联系，回学校看看老师们！”

红日初升，其道大光。河出伏流，一泻汪洋。中国速度离不开组成它的每一个齿轮。不论是从个人、社会还是国家层面，一言以蔽之，长期的踏实积累是厚积薄发的关键要素。不积跬步无以至千里，不积小流无以成江海。希望同学们都能尽情享受在国院的学习和生活，在各自的工作岗位上锐意进取，个人和国家的伟大梦想都会实现！

陈琦

探寻潜力的旅程

文/徐湘 丁谊嘉

人物简介

陈琦，2013—2015年就读于国际学院和美国科罗拉多大学经济专业。荣获2014—2015学年香港崇正奖学金，2013—2014学习优秀一等奖学金，社会活动二等奖学金。曾多次获得中国农业大学三好学生、优秀团员称号。曾任2014年度辅导员，协助学院的建设和发展工作。2017年毕业于普渡大学经济学专业，辅修数据和统计学学位。2018年毕业于加州大学伯克利统计学专业，在美国硅谷Fiserv公司担任数据科学家，现任字节跳动高级数据分析师，负责抖音、今日头条、海外TikTok等核心业务的用户增长以及内容与创作者数据挖掘和分析等工作。

陈　琦

在人生的广袤旅途中，每个人都是勇敢的探险家，寻找着内心深处的潜力。在探寻的过程中，陈琦勇敢地穿越挑战的森林，每一步都饱含对未知的好奇，每一次坚持都是对梦想的追逐。她的足迹踏过起伏的土地，书写着属于她独特的故事。

ICB 的国际化环境：坚信自己的潜力与能力

初入 ICB，陈琦的初心便是追求更广阔的国际化视野。她坦言：“因为很早就决定了研究生要出国，便想要提早培养国际化视野。”她渴望在不同的学习环境中激发创造力，主动思考，成为自己职业发展的“master”（主人）。

常言道：“教育不是灌满一桶水，而是点燃一把火。”陈琦渴望通过不断学习，点燃内心的求知之火，不断拓展自己的认知，ICB 就是她开启自己国际化视野的引路人。在陈琦看来，学院的教育不仅是传授知识，更是在多元的学科背景下培养与国际接轨的思维方式。

ICB 提供的课程很好地符合了陈琦的期望。除了经济专业的课程以外，学院还要求学生学习包括公共演讲、物理、生物等在内的通识课，并提供了不同方向的辅修选项，让学生可以根据兴趣选择更丰富的课程，定制独属于自己的课程规划，这个优势也为陈琦的未来发展起到了重要作用。陈琦在研究生时期选择攻读统计学专业，而本科提供的学科体系无疑培养了陈琦扎实的数理基础，为她后来的学术道路打下坚实基础。正如教育的真正目的是培养思考的能力，而不是记忆的负担，学院的多元课程安排让她有机会探索经济以外的更多专业，并最终找到了最优解。

直面恐惧：挑战中的自我突破

学院多元的课程安排无疑也意味着更大的挑战。回顾大学时期的心路历程，陈琦坦言："高考刚结束时还想着终于不用学英语了，结果没想到最终来到了国际学院。"面对全英文的授课环境，尤其是与外教互动和课堂上的即兴演讲，陈琦都感到非常紧张。但她坚信，生活即使不会像想象的那么好，但也不会像想象的那么糟。学会调整心态，不断探索应对的办法，最终一定可以轻松面对一切。

相比于沉浸在紧张情绪中，陈琦选择敲响了教授办公室的门。通过不断参与教授们的 office hour，她抓住了每一个与外教交流的机会。哪怕没有具体的问题，她也会通过与教授分享自己最近的学习心得而锻炼口语。

在经过联合培养转学到美国普渡大学后，陈琦遇见了一门至今难忘的课：每节课下课前，都需要有人站在讲台上面向全班分享本节课学到的观点。对刚来到陌生国度的陈琦而言，在大多是外国人的新课堂上即兴演讲无疑是一个巨大的挑战。在邮件联系教授并表达了自己的恐惧后，终于，她在某节课后第一次成为班里率先举手的人。当真正站在讲台上的那一刻，她惊讶地发现，面对外国人演讲并没有那么难，当顺利地说出第一个单词的时候悬着的心就会平稳许多。课后老师特意给陈琦发了一封邮件，表达了对她能够勇于挑战和克服恐惧的赞扬。通过直面恐惧并克服恐惧，陈琦不仅仅收获了教授的赞扬，也更加坚信了自己的潜力与能力。

学生工作与职场经历：适应与学习

本科期间，陈琦不仅在学术领域初露锋芒，更把握了学院提供给学生的工作机会，丰富个人经历。起初作为学生会文艺部的一员，陈琦积极参与组织了包括圣诞晚会在内的各类活动。作为学院年度最大的学生会活动之一，组织的过程远比想象中的复杂，而这也锻炼了她的团队合作能力，让陈琦深刻体会到与他人协作的重要性。除了组织大型活动，文艺部的一些常规工作，另外为学生会拉赞助等也有效锻炼了她与人沟通的能力。

同时陈琦在大二时担任了学院的新生辅导员。与文艺部的工作不同，学生辅导员需要有更强的责任感与耐心，及时关心大一新生的学习、生活与心理情况。不同背景与性格的学弟学妹需要她跨越不同文化和教育系统来思考，培养了她的沟通能力，同时也丰富了人生履历。通过两年的学生工作，陈琦意识到自己非常热爱学生工作，并感激这些经历为她带来的提升。

在真正进入职场后，陈琦认为工作中最重要的是适应能力与学习能力。从硅谷到互联网大厂，陈琦较强的适应力让她在多变的环境中仍然能找到自己的节奏。除此以外，短时间内学习新知识的能力也十分重要。本科期间，无论是课内学习、课外实践，还是以研究为基础的 URP 项目，每一段经历都为陈琦提供了广泛的学科涉猎和跨领域的学习机会，正是这些经历培养了她快速学习和适应变化的能力。

陈琦的学术历程如同一幅绚丽的画卷，展示了一个年轻人的不懈探索和努力奋斗。她在学术、学生工作和职场的多重历练中，不断探索并突破，最终展现出了专属于陈琦的独特风采。

弗雷德里克·巴克曼曾言：“生活是一场伟大的冒险”，而陈琦的人生经历便是对这一冒险最真挚的诠释。

第二章

勇者无畏，行者无疆

2019.4.30

攀登成功的路程

李钟

文/徐湘

人物简介

李钟，国际学院中美项目经济专业2002届毕业生，硕士研究生就读于美国俄克拉何马州立大学。毕业后，李钟先后在美国成立了Airsoft Tulsa，Li's Investments Group和Asian Antiques Association，并担任负责人及CEO。主要业务覆盖气枪、古董买卖和房地产等。

Tulsa
AIRSOFT TULSA
LI'S INVESTMENT GROUP
ASIAN ANTIQUES ASSOCIATION

李　钟

谈到在美国小有所成的校友，李钟必定榜上有名：同时涉猎气枪、古董买卖及房地产等多个领域，并曾多次接受当地电视台的专访。作为最早从国际学院毕业的学生之一，国际学院带给了李钟非常大的改变，也见证了他的一步步成功。

他认为，最重要的是明白自己真正想要的是什么，并不断提升自己。

从六道口走向世界舞台

回忆自己在国际学院的生活，令李钟印象最深刻的便是它的国际化教学：它给大家提供了率先接触世界的机会。作为中国最早的国际化项目之一，它让大家在国内便实现了与国际化教育的接轨。

如果说外教的全英文课堂已经足够有特色，美国的原版教材则更是增加了课堂的专业性与难度。回顾当时的课堂，李钟莞尔道："其实国际学院的学习还是挺难的，尤其是对于我们这种非英语母语的学生而言。"

尽管如今的他已经在美国生活了 20 余年，每每想起当时的作业与论文，他笑称："想来大家还挺厉害的，不是美国人却用美国人的教材，还能顺利毕业并有所收获。"

通过与学院教授、留学生们的不断沟通，以及大家在中西方文化间的不断学习、穿梭，国际学院为全体学生提供了走向世界舞台的机会——这在 10 余年前无疑是非常有远见且难得的。而这也体现在了李钟未来的工作与生活中。

当李钟第一次带中国朋友与美国同事们聚餐时，他惊讶地发现，自己曾通过英语八级的朋友竟然难以融入聚会。这让他第一次切实意识到了国际学院的与众不同：学院为大家营造了无限接近于西方的语言环境。除了课堂中与外国人交流的必要性以外，国际学院他国留学生的存在也为大家提供了接触不同文化的机会。这让大家很好地规避了“哑巴英语”，也更适应并自信地与外国人交流。

“还记得当时第一次来到美国俄克拉何马州，有两个瑞典学生来机场接我们去学校，大家交流了一路。到学校时，他们问我说英语时这么自信，是不是以前到过美国?”

“我说，这虽然是我第一次来美国，但我双语教学的本科早就为我提供了大量与外国人交流的机会，因此，说英语对我而言，从不是问题。”

多看看书本以外的世界

拥有独立公司的李钟深知学历的重要性——大学学位是一个敲门砖。然而，相比于微积分、统计等专业知识，他认为，本科更多是一种思维和精神上的提升。回顾本科的学习，他坦言，学习并不是真的让大家记住书本上的全部知识，更多的是培养了大家多元的思维模式。

作为一名“实干家”，在面对各式各样优秀的人时，李钟逐渐拥有了自己的判断标准。“我曾看到过很多优秀的人，譬如美国排名很靠前的大学的硕士毕业生。但是当真正进入社会后，学习只是一方面——绩点 4.0 固然优秀，但对于公司而言，实习经历或是丰富的社会工作经验显然更受青睐。”

俗话说：“纸上得来终觉浅，绝知此事要躬行。”也正因此，李钟格外提倡在大学期间多磨炼自己。10 余年的用人经验告诉他，相比于需要花大量时间培养的“白纸”，能快速上手并且拥有高情商的人往往更有优势。

杨婉义

选择背后的智慧

文/徐湘 吕金蔚

人物简介

杨婉义，2009 年就读于国际学院经济学专业，曾在斯坦福大学暑期夏校学习，后就读于福德姆大学攻读全球金融专业。在国际学院期间任学院学生会主席，工作实习期间在黑石集团纽约总部对冲基金组工作并参与管理超过 700 亿美金的资金，现为 Leotank Captial 合伙人。

杨婉义

如果说经济学是一门研究选择的学科，人们要在资源有限的情况下，权衡取舍，寻求最优解。那么在生活中，追寻内心的渴望也不失为一种明智的选择。

在追求梦想的路上，杨婉义以她自己的方式，书写着精彩绝伦的篇章。学术间隔年（gap year）与创业的经历像是一种生命的积淀，是她对自我的深刻探索。而这些经历似乎都在诠释着一个道理：只有脚踏实地，不断探寻内心的真谛，才能找到真正属于自己的发展道路。

人生从来不是规划出来的

与大多数本科生不同，杨婉义在大三时选择了 gap year。她深知在这快节奏的社会中，静下心思考未来的方向至关重要。于她而言，gap year 并不仅是一段时间的休憩，更是一个寻找内心定位的宝贵时光。

gap year 的第一站是参加美国斯坦福大学的夏校。在交换学习期间，她的眼界被无限扩宽：例如她震惊于摩根等公司竟不招收研究生，反而更偏好本科生。这一发现无疑深深影响了她未来的职业规划。她意识到，人生的道路不必墨守成规，而是应当顺应内心的真实渴望。尽管当时的她还并未确定自己的职业方向，但这一认识无疑加深了她对增长见识和不断历练的渴望。

如果说斯坦福大学的夏校让她一窥梦寐以求的学习环境，那么漫长的旅行，使她感受到未知世界的无限魅力。她在全中国和周边国家旅行，走遍了中国的每一个省份，见识了这个世界与众不同的一面。选择踏上不为人知的道路，她享受着与命运搏斗的过程，因为她知道这将是一个真正属于她自己的精彩故事。

在这充斥着标准答案和传统轨迹的世界里，杨婉义敢于质疑，勇于追求独特的人生。她坚信，即使做出了一时可能并不被认为是最佳选择的决定，也比盲目跟从他人更为重要。“尽管选择 gap year 可能会让人感觉耽误了一年的时间，但相比于一年内所得的收获与成长，这一年的时间成本实则微不足道。”

当追求内心渴望成为人生的指南针，所有的选择都将更有意义，所有的决定都将更加坚定。在追求梦想的路上，她以她的方式，书写着精彩绝伦的篇章。

站在风险的另一侧

如果说本科期间的杨婉义已经足够有想法，进入职场后的她更是一个不畏风险的探险家。她将人生视为一场壮阔的探险之旅：迷茫并不可怕，相反地，每一次困惑和纠结都会成为宝贵的成长经历。

“年轻人就是要多实习，多体验。在不确定的阶段，不断犯错才是成长最好的老师。”

作为这一理念的实践者，在赴美留学期间，她积极参与各种金融实习，奋力争取每一个学习和体验的机会。在黑石集团的对冲基金组工作期间，她不仅锐化了自己的技能，也逐渐在多元化的实践中找寻并确定了自己未来的职业方向。

一旦找到目标，杨婉义就成为绝对的实干家。“比如我现在专注于二级市场投资，即便一级市场有很好的机会，我也会选择放弃，因为那并不是我所追求的。”她深谙专注的力量：只有专注于自己真正渴望的事物，屏蔽其他的诱惑，才能在竞争激烈的市场中脱颖而出。

回国后，借助于自己在美国留学、工作期间积攒的丰富经验和自身鲜明的投资偏好，她创立 Leotank Capital。她坚信，任何时候都不能轻易地选择随波逐流，而是要细心观察，做出真正明智的决定。

“我不做每个人都做的决定。人越多的地方，竞争越激烈，收益就越有限。想要赚大钱，就不能只做大家都在做的事情。”

勇于与风险共舞，杨婉义展现出她不寻常的勇气和决心。这份勇气让她在商业领域脱颖而出，也为 Leotank Capital 赢得了市场的认可。对她而言，风险是一种机遇，在风险的另一侧，潜藏着丰厚的收获和无限的可能性。

停下来思考

在当代快节奏的社会中，勇敢停下来反思个人目标的品质逐渐稀缺。人们被迫随波逐流，沉溺于繁忙的日常生活，而忽视了对内心需求和真正目标的深思。

杨婉义却显现出停下来的智慧。她明白越是在这一繁忙浮躁的社会中，越应该及时停下来，给予自己时间和空间用于思考。不仅如此，她还将目标付诸行动，通过实践和实际经验真正了解自己的能力和兴趣所在。

像是经济学理论的人生践行者，杨婉义以实践证明了在面对快速变化的世界中，只有勇于停下来思考，敢于面对风险，才能在人生的舞台上展现出真正的自我。

风险与回报并存，只有敢于冒险，才有可能获得更大的成就。

杨怀佳

光之耀眼，山无遮，海无拦

文/姜天麒　吕金蔚

人物简介

杨怀佳，2018 年毕业于国际学院的 UCD 项目，同年进入美国约翰霍普金斯大学攻读经济学硕士研究生学位，毕业后在世界银行工作，2021 年进入北京大学攻读政治经济学博士研究生学位。

杨怀佳

经济学的研究始于资源的有限性，而这一不可回避的现实，也一直贯穿着杨怀佳的思考和决策，引导着他进行一步步选择。他的旅程从国际学院起步，随后踏入约翰霍普金斯大学，进而步入世界银行的职业殿堂。在这竞争激烈的世界中，他深刻领悟到明智的选择对于前进道路的关键性意义。

今天，他身处北京大学攻读政治经济学博士学位，这一阶段为他提供了深入研究的机会。杨怀佳的学术之路充满着勇气和坚定，不仅为我们树立了榜样，也使我们见证了一段由智慧选择和不懈努力所成就的故事。

朝沐杏雨　终生念师恩

从高中时起，杨怀佳便一直怀着出国留学的想法。他深知，在全球化的时代，汲取各种文化的精华、融合中西优势，是扩宽视野、深入研究的重要途径。这个想法伴随着他的成长逐渐坚定。因此，高考之后，杨怀佳在选择未来的道路时，毫不犹豫地选择了国际学院。对他来说，这是通向世界的大门，不仅省去了烦琐的出国申请程序，还为他提供了本科期间的国际交流机会。这一选择成为他追求国际教育的第一步，也是他实现梦想的起点。

在国际学院的求学生涯中，杨怀佳展现出了积极的学术追求。他不仅在课堂内认真学习经济学相关课程，还积极与学院的美国教授们交流，深入了解国际经济学领域的事件和研究动态。杨怀佳坦言，正是这些交流与学习的机会，使他的学术之路更加充实。杨怀佳提到，Steven Beckman 教授在他的求学之路上扮演了重要的导师角色，特别是在杨怀佳升硕士和找工作的关键时刻，Beckman 教授经常会给予他鼓励与引导。

每当他在学术上遇到疑惑，或者对自己的未来道路感到迷茫时，Beckman 教授总是耐心地倾听，提供建议。他的教导不仅局限于课堂内容，还包括学术研究的方法、学术生涯的规划以及如何在国际舞台上建立自己的学术声誉。Beckman 教授的帮助和引导，让杨怀佳更加自信地面对学术挑战和职业机会。他学会了如何提出有深度的问题，如何进行批判性思考，以及如何将学术理论与实际应用相结合。这一系列宝贵的经验和技能，都源自他与 Beckman 教授的互动与探讨。

世间纷扰　吾自静水流深

人生面临很多选择，站在分岔路口时，独立和坚定缺一不可。

杨怀佳认为，当选择了一个方向后，便需要“战略定力”。每个人都应有自己的判断，如果一味地听从他人的声音，便永远也找不到属于自己的远方。

在之后多年求学和工作的经历中，杨怀佳逐渐明白人生诱惑很多，但绝不能被其裹挟。

“生活中有很多人的品质和经历值得艳羡，但如果盲目跟从，只会迷失自己。”

在做出选择时，要坚守本心，权衡每件事的机会成本。只有在确定好自己人生的发展方向和节奏后坚定走下去，才能获得成功。

机不可失　行则将至

“机会”作为世间稀缺之物，价值可贵，从不主动示人。为了拥有这件不可多得的“宝贝”，杨怀佳明白态度和实力同样重要。

在约翰霍普金斯大学拿到硕士研究生学位后，杨怀佳希望到世界银行工作。世界银行的岗位可谓一“位”难求，大部分的职员学历都是博士研究生，为数不多的硕士都是顶级名校毕业，如哈佛大学。杨怀佳的简历在众多竞争者中没有十分突出，所以刚开始并没有得到领导的青睐。

但他没有因此气馁，而是相信事在人为。在争取机会的道路上一定遍布荆棘，充斥着对自我的怀疑以及对失败的恐惧。但杨怀佳明白，拼尽全力后的失望总比甘于平凡后的悔恨更能让自己坦然地面对生活。

实习期间，杨怀佳会主动向领导领任务，而不是被动地等待分配。除此之外，他还积极地促进世界银行和约翰霍普金斯大学的项目合作，用实力证明自己完全可以胜任这份工作。正是这份跳脱于传统评判方式之外的勇气和智慧得到了领导的认可，最终杨怀佳为自己赢得了一个宝贵的工作机会。

多年后再次回顾这段经历，杨怀佳用“幸运”形容自己。幸运是成事者的谦词，是主动把握机会后的底气，也是对获得回报的感恩。

浮云遮眼，终将挥散，伏案筑梦的长夜，终于迎来破晓。

少年风华正茂，挥别过往，奔赴下一场诗和远方。

詹俊麟

相信人生的可能性，想做什么就义无反顾去做吧

文/周正楷

人物简介

詹俊麟，2002级国际学院毕业生，工商管理专业。在国际学院毕业后，前往英国卡迪夫大学攻读国际贸易专业硕士研究生学位。2006年毕业回国，在赛诺菲和联想等企业工作数年，先后在数据分析、市场营销等相关职位任职。自2011年，投身于教育信息化行业，目前在新台华公司担任总经理，为北京的中小学及高等院校提供信息化建设和服务。

詹俊麟

从 2002 年进入 ICB 工商管理专业就读，詹俊麟就一直在挑战之中前行。作为一名就读于工商管理专业的学生，他在大学三年级便独自踏上异国他乡前往英国留学。他说，ICB 的求学经历培养了他许多的韧性。在全英文教学的环境之中，他逐渐形成了自己进行学术研究的逻辑框架，也让他更加适应国外留学的成长体系。这为他最终升入卡迪夫大学攻读国际贸易专业打下了良好的基础。

在英国留学期间，詹俊麟认为最大的挑战是需要自力更生，自行承担一切。一方面，在异国他乡，所有事务都须由自己打理，迫使他掌握各项技能。另一方面，从学习的角度来看，在英国留学的经验也给他的个人成长带来了深刻的变化。在国内，我们通常以被动学习为主，很少有机会真正自发地深入学习。然而自主学习的求知精神是他从 ICB 到英国留学期间不断培养起来的。他向我们讲述了在 office hour 拜访导师探讨学术问题、在图书馆里独自查找纸质文献资料、甚至是前往博物馆进行田野访谈寻找答案等经历。这些场景对于如今充满电子数据辅助的我们来说并不常见，但是在成长的旅途中却给詹俊麟留下了深深的印记。这些经历不仅在学术上，在生活层面上也赋予了他深刻的启示。

回国之后，詹俊麟先是加入一家药企做市场、分析、数据等工作，但是市场的发展和形势的改变让他看到了新的机会。于是他便选择独立创业，创办教育信息化公司。谈到自主创业的选择方向，詹俊麟给了大家许多翔实可靠的建议。他提到，在创业选择发展方向的过程中第一要看的是大行业的天花板，天花板决定了成就的上限。第二要看对于行业的兴趣程度，做自己喜欢的事情往往能够让自己离成功更近一些。第三是在选择之前也应当关注行业未来的发展方向。他认为，像教育、医疗这些行业，尽管处于一个更新迭代的过程之中，从长远来看仍然有无限发展成长的空间。

关于年轻人的成长，詹俊麟认为最重要的，是不要将自己局限在特定的框架内。他认为，在成长的过程中应当为自己找到一个方向。如果没有明确的方向，就很难在个人成长的过程中获得发展和前进的动力。但在时间和空间允许的范围内去尝试和犯错，才能给自己的发展带来更多的可能。年轻人更具思考能力、做事更加果断、有着明确的主见，这是前人所缺少的品质。但同样的，这样的品质也可能会导致稳定性相对较差。詹俊麟认为，如果能稳定地在一个行业内深入钻研，敢闯敢拼，敢于选择和做决定，青年人的创造力将会是无穷的。

对于詹俊麟来说，在 ICB 求学不仅使他获得了成长和明确了未来发展的方向，还使他收获了爱情。从一同求学到最终走入婚姻的殿堂，詹俊麟提到了他一路以来的成长。他说，生活就和事业一样，ICB 给了我们很大的平台去提前经历一些事情，提前获得一些成长。我们在压力中不断提前去经历一切未来所可能面临的困难，当机会真正到了我们面前的时候，我们就更能抓住机会，迸发出自己的能量。

安睿波

怀炽热之心，展自由之翼

文/智佳源

人物简介

安睿波，2012年考入国际学院国际金融专业。曾任国际学院第17届学生会主席，创立国院创业部，本科期间交换至普利茅斯大学完成了英国学士学位及中国农业大学学士学位。本科毕业以后前往悉尼大学读书，获金融与银行双硕士学位，其间代表悉尼大学参加多伦多大学全球金融市场交易大赛。2018年入职汇丰银行管培生项目，先后在工商金融部与公营机构部担任客户经理。

安睿波

“爽朗明媚”是安睿波给我们的第一印象。我们走进约定好见面的店铺，纷杂的人群中一袭黑裙面带微笑的安睿波格外引人注目。她真诚热切的态度和对学院溢于言表的怀念很快消弭了我们之间的距离。接近4个小时的采访更像是一场倾盖如故的相逢，在轻松的氛围中，我们交流着国院的曾经、现在和未来，也从中获悉了安睿波一路走来的经历和感想。

学生时代：坚定选择，热情满怀

2012年，安睿波考入国际学院中英项目。在此之前，她跟随攻读高级管理人员工商管理硕士（EMBA）的父亲赴美并且就读于美国的一所公立高中。到了高中毕业大学择校的年纪，她放弃早已习惯的文化环境，选择回国参加高考。看似令人不解的背后正是她的坚定之处——她认为高考是一生中非常重要的体验，她不想就此错过，造成遗憾，加上她很想在这条不一样的道路上结识更多志同道合的朋友，于是她选择了自己更喜爱的教学模式——成为ICB的学生。

进入ICB后，专业课上经常举办的特邀演讲人（guest speaker）演讲、针对管理和商务的训练、不断进行的presentation都促进了安睿波的成长，她在公众场合演讲越发得心应手，可以从容应对专业问题，也积极与自己欣赏的老师沟通。ICB贯彻的重视实践和通识教育的治学宗旨对安睿波产生了深刻的影响。

在努力学习的同时，安睿波也带着极大的赤诚和热情将精力投入学生工作中。从初入学时的新生代表，到大一负责赞助谈判的外联部干事，再到大二当选学生会主席，她一直在自己热爱的学生工作和社团活动中全情投入，也获得了师生的认可。

那时学院添置了一台咖啡机，安睿波从中看到了更多的可能：既然有了设备，为什么不扩大服务范围？说干就干，安睿波提出了利用学院大厅的空地开办一个咖啡厅的创业计划。很快，一个专职负责咖啡厅的学生团体创立了，这个团队就是如今学生会人数最多的部门——创业部。咖啡厅虽小，创立之初也堪称筚路蓝缕，“当时的规划还是初期阶段，并不完善。所幸学院给了我们很大的帮助，没有收取任何场地租金。但是，我们仍然需要负担设备、原材料、宣传的费用和人工成本。所有的事情都是我们亲力亲为，所有人都向同一个目标努力”。

安睿波意识到咖啡厅的创办或许可以成为一个绝佳的联动机会，于是她积极地与经管学院联系，在几番沟通确定后，双方联合举办了一场职场挑战赛，经管学院也以外联部门的名义在国院咖啡厅举办活动帮忙宣传，这场联动最终成为美谈。

她一直保持着努力专注和对热爱的执着，从ICB到澳大利亚，再到如今的职场。

步入职场：不断蜕变，追寻自我

完成研究生学业后，安睿波踏上了求职的道路。在以往实习与面试的过程中发现自己更偏好外资企业的工作风格，以及相应扁平的管理模式，于是她申请了汇丰银行管培生项目。在大陆一线城市及香港轮岗工作了一年半后，她正式成为汇丰银行大型企业部的客户经理。

成为客户经理的阶段，在企业准入门槛高和公司的战略转型、自身没有积累过任何社会资源的几重压力下，如何完成业务指标成为她的第一个职场难题。虽然外资企业并不会对业绩有硬性要求，但是她深知遇到挑战可以选择逃避，也可以选择积极面对。完成日常业务要求之余，她努力通过下班后的时间系统性研究各类企业的发展短板与痛点，强迫自己参加各类商业论坛，开阔视野，积累社会资源，即使安睿波自认是“社牛”，也仍然要作出一番心理建设才敢与仅有一面之缘的各界名流进行电梯快速销售（elevator pitch）。最终在短短一年间，她从业绩垫底，达到了全国前 20%，“很多时候你会陷入无助和迷茫，无论如何只要你认真去想，就都会有解决办法。我们在生活中总会面对一地鸡毛，然而任何教育体系的底层逻辑都在指导我们在杂乱中寻找秩序，有足够韧性将一地鸡毛复原成一个完整的鸡，才能在人生道路上走得更顺利”。如今再谈及那段辛酸过往，安睿波给出了风趣的解释。

回顾研究生及工作的一路，她发现很多事情都受益于国院所学的知识以及构建的价值观框架。比如她记得社会心理学课程中讲过的马斯洛需求理论，如果人们仅仅关注两层基础需求的情况下，往往只会期待“钱多事儿少离家近”，而且做什么事情都会很累且没有方向，但是真正审视过自身的心理需求及自我实现需求后才会发现，日常所做的烦琐的事情都有了一个目标，完成看似不可能的事情时的成就感更有价值。

安睿波还提到她从大学开始就是个闲不住的人，在学习工作之余，也很注重自己的爱好发展，她喜欢一切富有冒险精神的运动——滑雪、潜水、滑板、风筝、冲浪等，她说总觉得人生几十年真的很短，希望能充分体验，然后装满回忆地老去。

在 ICB 学到的严谨治学和热诚处世为安睿波构造了非凡的羽翼，让她可以翱翔在自由的天空。在与我们的交谈中，她一直是谦逊柔和的，但是我们仍然能够感受到从她内心里迸发出的炽热。最后，提及对学弟学妹的期望，安睿波直言："希望大家都能够朝着自己选定的方向坚定地奔跑，但也别忘了看看路上的风景，希望大家都可以体验完整的快乐的人生！"

张浩然

做资本市场的『rain maker』

文/张浩然　史盈轩

人物简介

张浩然，2012届国际学院经济学专业毕业生，后保送中国人民大学攻读硕士研究生学位，而后赴芝加哥大学留学。毕业后任职于中信证券股份有限公司，主要从事企业上市、融资及并购重组工作。现任中信证券全球投资银行管理委员会高级副总裁，并在东北分公司挂职副总经理，先后主持了多个境内外上市公司的重大资本运作，总融资交易规模近千亿元。

张浩然

张浩然进入中信证券的时候，公司正在推进国际化的进程，结束常规的录取流程之后，又加试了一轮笔试和面试，内容正是英文。张浩然说，“如果说是对后续的工作有所帮助的话，国际学院的英文教育算是其中一个，其次还有职业规划。”学院里的会计学老师 Rodney Carter 在课余会给学生们讲一些职业规划，也曾把国内外的金融机构资深从业者邀请来给学生分享经验。张浩然表示，“后来我去‘四大’实习，干投行，其实很大程度上是受到 Rodney 职业规划的影响，对他很感恩，后来我们亦师亦友，我还去美国拜访他，在他家和他一起生活了好几天。”

坚持所想，一条路走到黑

从国际学院毕业之后，张浩然保研到了中国人民大学，又到芝加哥大学读金融。学经济和金融的毕业生，可能去券商，可能去基金，可能去银行，也可能去信托，每个里面又有不同的分支，而张浩然认为自己的性格相较于跟踪二级市场行情，更适合与人打交道的一级市场，因此便瞄准了投行。他坦诚地说，“其实我刚刚上大学的时候也挺混乱的，后来通过各种信息渠道，了解到投行，便想试着探索这一方向。”人们常说资本市场像是一大块蛋糕，而投行便像是不断帮助这块蛋糕越做越大的一双手。

不过梦想当然不可能那么轻易地实现。投行看重学历，中国农大的毕业证轻易地淹没在清华大学、北京大学的金光闪闪中，似乎黯然失色。弥补劣势，如何入行是第一个要考虑的。首先，要达到名校门槛，进入投行的目标院校（target schools），张浩然到中国人民大学、芝加哥大学便是为了解决这个问题；其次，达到门槛了，就要积累相关行业的经验，于是张浩然后来去到四大会计师事务所实习学财务，去到咨询公司实习锻炼逻辑分析，再去到投行实习直接了解投行的工作，终于具备了相应的素质，这才顺利闯过简历关；最后，就是要证明自己对投行事业的坚定信念。他表示，“那段时间是2015年的年底到2016年的年初，其实是痛并快乐的。”要先通过四轮面试，二轮实习测评，需要让工作接触中的所有人都认为他足够好才能有留用机会。投行的工作强度很大，“我记得很少能12点之前下班，当时我们一批人到公司实习，大家都是在步行可达公司的地方租房子，把公司当家，自己的家是一个只用来睡觉的地方”。

张浩然始终坚定，要去就一定要去国内最顶尖的投行。他瞄准了国内两家处在金字塔尖的投行——中信证券股份有限公司和中国国际金融股份有限公司，并做了一个冒险的决定：在求职时只投了这两家证券公司。他事后想起来的时候说：“当时就想着一条路走到黑。”机会总是留给有准备的人，也许是因为步步考学的积淀，也许是因为多次实习的经验，也许是能力和兴趣使然，张浩然最终留在了中信证券直至今天。

做资本市场的“rain maker”

投行文化中的hungry和aggressive常用来检验个体的承压能力和对这份事业的坚定程度。“要把这种东西、这种情绪传递到他们的工作中，看他们的承压能力，看他们在高强度的工作当中，意志有没有被击垮。事实上，很多人就是被击垮的，也许连续熬一两天可以，但是如果是连续几个月几年的考验，那么是否对这份事业有坚定的信念和坚持的恒心是很容易分辨出来的。”

这种挑战当然不是每个人都能承受的，当被问及支撑他的信念是什么时，张浩然给出了自己的答案："我觉得这件事创造价值，怕的就是做的事没有意义。"窗明几净的会议室里，金光闪闪的奖杯放在玻璃展柜里。张浩然接着谈道："陪伴着企业逐渐成长，帮他们引入资本市场，融资扩张，并购重组，去交易所鸣锣开市的那一刻，会带来极大的成就感。"

rain maker 译作"造雨者"，常用来形容资本市场最顶尖的投行家。要想成为"造雨者"，就得不断提升自己的能力，要成为一个六边形，在持续高压的工作强度下不断学习、长期自律、自我驱动，并克服自己性格中的弱点。

职业生涯和资本市场一样，都是无比残酷的，所以张浩然时刻提醒自己，要珍惜现在、抓住当下、坚持所想、不负韶光，做资本市场的"rain maker"。

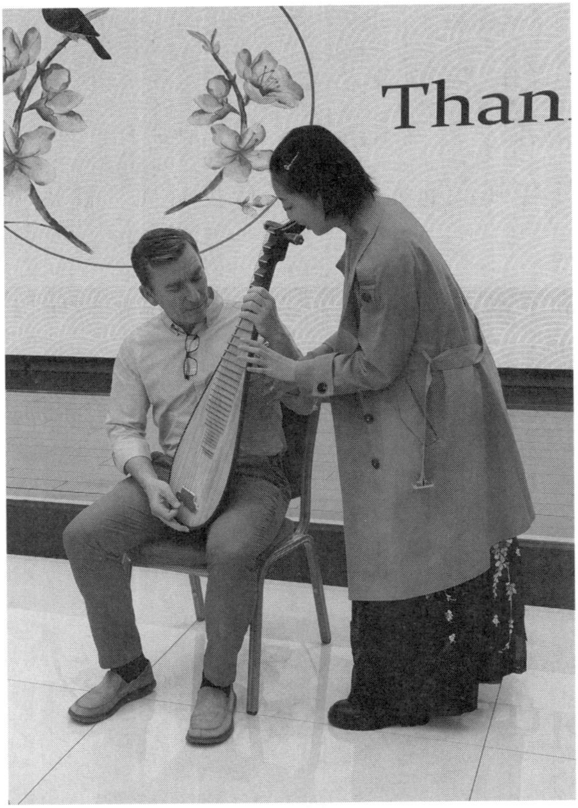
Than

门立

热爱不息，攀登不止

文/智佳源

人物简介

门立，2004—2007 年就读于国际学院和英国贝德福德大学工商管理专业。中文、英文、西班牙语三语双学位硕士研究生。中国农业大学峰云社成员，英国大学慈善组织 Read International 联合发起人。在英国、南美从事国际贸易、多语翻译近 10 年，2015 年回国选择在热爱的体育产业深耕，目前是体育赛事公司运营者、体育经纪人、裁判员、解说评论员和体育教育者。

门　立

采访电话很快接通，门立的声音从那头传来，满满的元气几乎从电子设备的屏幕溢出到我面前。一场亲切热络的交谈带领我们穿越时空回到当年的ICB，见到了当年开朗热情的攀登健将，又沿路回到今日，看到依然激情满满的传奇校友。

进入ICB：登高必自卑

门立因为对英国足球的浓厚兴趣，决定进入ICB中英项目工商管理专业学习。英超的激情与热血，让她对体育运动有了更深的认识和理解，这个决定，也奠定了她日后在多元领域不断探索的深厚基础。进入大学后，她继续开拓自己的体育之路。彼时，中国农业大学登山社团——峰云社正在如火如荼地招募，门立一腔热情投身峰云社。在社团活动中，为了应对登山、攀岩中要面对的雪山温度、极限挑战等考验，门立和队友们每周都坚持进行10000米的体能训练，五一劳动节、国庆节进行徒步拉练，从很多维度锤炼锻造自己的意志和身体。而且，因为当时中国农业大学还没有建好岩壁，她时常随队到北京大学、中国地质大学等学校进行攀岩训练。这种毅力和坚持，让她与在团队中结识的志同道合的好友们并肩在成长的道路上不断取得不俗的成绩。至今，她仍然保持着攀岩和登山的习惯，用行动诠释着对体育的热爱。2023年7月，门立作为杰出前辈，回到中国农业大学，为峰云社20周年登山活动的出征仪式践行。

除了在体育方面有所建树以外，门立在学习上也毫不松懈。她喜欢沉浸在图书馆中，专注于自己的学业。同时，她也与是自己良师益友的教授保持着密切的联系。当时教授营销学的老师对门立的启发极大，门立经常在这位来自麻省理工大学（MIT）的老师的启发下开拓思路，获得新的思考和收获，这种亦师亦友的关系一直持续到现在，至今他们仍然会每隔一段时间相约见面。门立一直保持着对知识的渴望和对教育的尊重。ICB的多元文化氛围和接轨英国的独特学制都让门立受益匪浅，为她打开了国际视野，还成为她迅速适应英国教学模式的基石，这无疑也为她日后的职业生涯注入了强大的动力和信心。

完成在ICB的两年课程之后，门立选择继续完成自己来到ICB的目的——前往堪称“英国最多元化”的大学、ICB的合作院校贝德福德大学继续完成本科学业。

在英国留学期间，门立与学校的志愿者部门一起发起了Read International的慈善组织项目。他们为坦桑尼亚的儿童募捐图书和资金，门立作为中国唯一英国留学生代表志愿者赴坦桑尼亚做义工35天，并受到当地政府接见，为当地的孩子们发放捐赠图书、文具和体育用品等。中国留学生的爱心、责任、担当和敢为人先在门立身上体现得淋漓尽致。长期的志愿者工作，也使得她入围英格兰“年度优秀青年”评选活动及荣获“千禧年最佳志愿者”称号。“因为时间关系，我为了完成这个非洲的项目，没能戴上学士帽，错过了毕业典礼，遗憾肯定有，但是又是值得的，”门立动情地说道。

步入社会：攀登不停歇

完成本科学业之后，门立因为对利物浦足球队的喜爱而对利物浦的MBA产生兴趣。为了更好地满足MBA的要求，她放弃了爱丁堡大学户外教育的offer，毅然选择赶赴南美洲从事国际贸易工作积攒工作经验。

门立作为行业少有的中文、英语、西班牙语三语专业人才，先后在南美洲的国家和哥伦比亚从事国际贸易工作。她的努力和坚持，让她在这个领域也同样闪光。2015 年，因为达到了行业的天花板，更是因为美妙的爱情际遇，门立选择回归祖国。她重新选择了自己热爱的体育行业，并在体育领域深耕。

刚一回国，她也经历了短暂的迷茫，不管是阔别的体育行业，还是睽违的国内环境，都让她稍显无所适从，不过很快，她就整装出发，继续一往无前。

问及她的成就，门立骄傲地谈到她曾做过自己儿时的偶像、足球明星迈克尔·欧文的经纪人，兼来华时的翻译，她带领欧文深入四川大凉山区参与山区儿童公益足球教育事业。同时，当她助力攀岩世界冠军钟齐鑫实现“全球首位速度攀岩大满贯”梦想的那一刻，心向往之的热爱都让她无比满足。

访谈结束时，门立慷慨地分享了自己的人生格言——读万卷书，行万里路，还给予了学弟学妹们真挚的寄语和鼓励：希望大家都能享受自己的大学生活，积极参与各种实践，参加社团活动，结交志同道合的朋友，不负青春。她的这些建议和鼓舞，无疑会激励更多的国院学子在大学期间积极探索、努力奋斗，为自己的未来打下坚实的基础。

尽管门立坚称她只是国院学子中的普通一员，但是，她充满传奇色彩的故事和对体育的执着，向我们展示了梦想和热爱的力量。她的经历也在告诉后来人：在追求梦想的过程中会遇到许多困难和挑战，但只要铭记初心，勇敢面对艰难险阻，我们就能实现自己的目标并创造属于自己的精彩人生。初心依旧，巅峰永攀！

追逐梦想　勇往直前

周爽

文/周爽

作者简介

周爽，国际学院2000届经济学专业毕业生，现为亚联资本合伙人。在校期间曾担任团支部书记，被评选为优秀学生干部，荣获安莉芳奖学金。2011年考取北京大学光华管理学院会计专业硕士研究生。曾先后在许继集团、中融投资、剑平国际、华集资产等多家企业任职，多次被派驻被投企业担任要职。曾被邀请在北京市创客大赛中担任评委，并作为辅导导师为创客北京参赛企业提供融资辅导。

周　爽

迄今毕业已经 23 年，回首来路，感慨良多。对我而言，母校是我梦想启航的地方，从那时起踏上了从铸梦到追梦的征程。

打下根基，铸就梦想

1996 年秋，国际学院迎来了第一届计划内考生，我也在其中。国院这种中外合作办学的模式在当时中国还属于凤毛麟角般的存在。开放的美式教育与传统的中式教育在这里有机地融合并碰撞着。对于一直接受传统教育的孩子来说，犹如打开了一扇宏伟殿堂的大门，我看到了外面世界的神奇广大，感受到了中西方文化的巨大差异，而中西方的差距也让我对农大校训有了更为深刻的理解与感悟：解民生之多艰，育天下之英才。一种强烈的忧患意识与社会责任感犹如一团火，在我年轻的心中燃烧着、鼓舞着。大学期间的我是活跃的，曾担任团支书，被评为优秀学生干部，获得安莉芳奖学金，并加入校广播台等多个社团。

很多人很早就有了自己的梦想，而我却没有这么幸运。毕业后，我在几个行业工作过，也曾自己创业，但这些都无法引发我内心的波澜。我曾经彷徨过、迷茫过，但始终没有停下寻找梦想的脚步。偶然的机会，我接触到了金融行业，并深深被之吸引。这是一个特殊的领域，与国民经济的每个部门都息息相关，为国家的经济发展注入活力；这也是一个充满挑战与压力的领域，需要高度的专业性、广度的知识面，以及深度的人性洞察与风险把控。而这些都正合我的胃口，我喜欢挑战。就是它！我终于找到了大学时代不能平静的那团火种。

锚定目标，勇往直前

找到梦想是不容易的，而追寻梦想的道路更是充满艰辛与汗水。

为了快速积累专业知识，我报考了北京大学会计专业硕士研究生学位，白天工作繁忙，我只能利用夜晚的时间学习。对于一个10年没碰专业书籍，又刚刚经历“生个孩子傻三年”的我来说，重新捡起高数一，难度可想而知。但是既然选择了这条路，就要义无反顾地走下去。有时实在太累了，我甚至趴在桌子上枕着书睡了一夜。功夫不负有心人，最终我以优异的成绩被北京大学光华管理学院录取。

北大毕业后，我进入了一家外资投资公司，困难与挑战也接踵而至。先是语言问题，虽然在大学时英语交流已过关，但之后十几年的工作基本没怎么用到，突然之间英语变成了工作语言，还充斥着许多的专业术语；此外，成堆的项目文件、密密麻麻的日程表与重要会议，邮箱不停闪烁的新邮件通知，等待分配任务的下属……所有的这些令我有些抓狂，但并没有使我退却，骨子里的那种不畏艰难的斗志又一次被激发了出来。所有的空闲时间都被充分利用起来，吃饭时、走路中，甚至厕所中。每天回家时，女儿与老公都已经熟睡。每每回忆起那段时间，觉得最对不住的就是家人了，但也正是他们的支持与理解陪伴着我走过了那段艰难的岁月。

做投资，加班是家常便饭，甚至吃饭也要改为午餐会，而为了赶项目进度，住在公司也是常事。我的团队每个人桌子里都有盥洗包，随时做好出差或住公司的准备。就是靠着这股毅力与拼劲，才保证了每个项目的顺利完成。每当看到企业家获得投资款以解燃眉之急时那种释怀的表情，我觉得所有的疲惫与劳累都是值得的。

时光荏苒，不觉中在金融领域已摸爬滚打了十余载，脚步已渐迟缓，脸上也出现了岁月的痕迹，但我的斗志仍未消退，那种勇往直前的精神不减当年。每当谈及当初的梦想时，我都认为自己做出了最为明智的选择。虽然牺牲了许多闲暇，付出了很多艰辛，但却收获了更多满足与充实。正是那团不灭的火种带领着我披荆斩棘，不畏艰难，谱写人生的壮阔诗篇。

给学弟学妹的寄语

如果你已经有了自己的梦想，我要恭喜你，希望你能全力以赴去实现它，哪怕遇到再大的风浪也要坚持下去，始终相信：成功与失败往往就差那再多一点点的坚守，如果你还没有找到你的梦想，要奋力去寻找，它将成为你精彩人生的动力来源！

尹明亮

心之所向 一苇以航

文/姜天麒

人物简介

尹明亮，2008 年考入国际学院工商管理专业，2010 年赴英国于贝德福德大学完成本科学习，次年于萨里大学完成硕士研究生学位。毕业后在英国工作生活 5 年有余，于 2016 年回国，先后任职于小米、OPPO、荣耀等企业。现任华为荣耀俄罗斯零售管理经理。

尹明亮

用一句话概括尹明亮很难，因为坚定、自信、开朗、独立都是他的美好品质。

但要说什么是成就了他绚丽多彩的人生底色，那一定是敢于挑战困难、勇于超越自我的精神。

他坚信，只有挑战生命的旋涡，才能收获成长。雄鹰只有经过无数次拔羽折翼，才能练就强有力的翅膀；海燕只有经历暴风雨的洗礼，才能拥有劈波斩浪的力量。

让我们一起走进他的故事。

逆风中飞翔　摸索中成长

在国际学院学习的两年，带给尹明亮最大的收获便是拥有了强大的执行力。

初入大学的尹明亮并没有彷徨和紧张，而是充满了干劲，希望可以凭借自己的努力干出一番事业。看准了国际学院与留学相关的业务有市场潜力，他大胆担任了新东方的校园代理，负责和学院洽谈合作，从而为新东方招到更多生源。

他跑去王宁老师的办公室，说明了合作的意向。

“小伙子很勇敢，值得鼓励，但学院的合作项目需要与机构的正式员工签订，继续努力吧。”王宁老师如是说道。

尽管第一次“创业”以失败告终，但他从未想过放弃，一腔热血仍奔涌心头。

课余活动丰富的他，很快以出色的能力接任了中国农业大学黑白灰话剧社社长一职。也是在这里，他遇到了一群志同道合的伙伴，一起开启了第二段创业之旅。

“我们创业的最初目的并不在于赚钱，而是希望利用课余时间充实自己。”

为了推动项目的发展，尹明亮和团队伙伴们经常围坐在操场上彻夜长谈，从夜幕低垂聊到朝阳初升。他们一起分析项目的可行性、成本投入、利润回报等。作为一个十分严谨的人，尹明亮希望可以把所有的风险提前罗列出来，确保万无一失的情况下再推动项目的实施。但朋友们却一针见血地指出：“想，全是问题；做，才有答案。”

接纳了伙伴们的建议，尹明亮的项目很快落地了。

创业项目名为“大宝饭”，是以尹明亮的昵称为原型拟定的，持续了一年半的时间。团队成员每天会去中国农业大学旁边的饭店定制一批盒饭，拿回学校后按照一块钱的利润卖给农大师生。

随着创业模式的成熟，尹明亮不仅满足于“摆摊式”创业。为了拥有稳定的客源，他主动找到校团委的老师谈合作。所谓“功夫不负有心人”，成功解决了发票问题之后，老师们的午饭订单全部被“大宝饭”团队承包，售卖数量再创新高，平均每天销售量能够达到200～300份。

不仅如此，尹明亮还将此项目推广到了中国矿业大学和对外经贸大学，让更多的大学生可以在实践中成长。

那年青春绽放，少年眼中有光。

心向往之　行必能至

初到英国的尹明亮很不适应。语言沟通障碍、生活习惯变化、天气潮湿阴冷，这些问题都困扰着他。经历了一年的适应期，尹明亮熟悉了他的“第二故乡”，并在这里继续他的雄心壮志。

在国外寻找实习是一件很困难的事情，因为外国公司更喜欢雇用本地员工，所以大多数留学生都是去当服务员，负责端盘子、洗碗等工作。为了挑战自己，尹明亮想找一份能提升自己销售能力的实习。他将自己的简历投到了几十个公司，一个接一个地去面试。尽管大部分都未通过，但他收获了宝贵的经验并锻炼了口语能力。

经过不懈的努力与等待，他在2012年被一位在英国工作的香港老板聘为店员，负责售卖手机配件以及手机维修业务。为了更好地对接客户，他会主动通过手机行业的新闻了解最新机型，将信息整理好提供给老板，方便后续老板订货做参考。除此之外，他熟悉所有手机的牌子及型号，每当有客户想要换相应配件的时候，他都能给客户提供专业周到的服务。

功夫不负有心人，尹明亮通过出色的业务能力，很快得到了老板的赏识。仅用四年的时间，他先晋升为店长，之后又成为手机连锁店市场经理。

他用实践向我们证明：披星戴月走过的路，最终将会繁花满地。

山水万程　步履不停

基于先前的工作经历，尹明亮对手机行业产生了浓厚兴趣，所以毕业后分别在小米、OPPO、荣耀任职，负责帮助公司开拓欧洲、拉美等海外市场。

这项工作极具挑战性，他作为开拓者，没有任何经验可循，全凭自己的毅力和干劲。其中让他记忆最深刻的一次经历是在为小米开拓欧洲市场时出现的“西班牙危机”。

那时尹明亮负责去西班牙萨拉戈萨开一家新的小米门店，但就在开业的前一天，代理商突然发现手机产品无法按时送到，直接导致新门店无法顺利开业。为了将损失降到最低，尹明亮立刻与宣传部门负责人组成公关小组，彻夜开会讨论如何解决问题。

基于丰富的工作经验以及对西班牙消费者的细致调查，尹明亮带领公关小组想出了一个绝佳的办法。他们第二天早上照常开业，店长和销售会请每一位前来的客户喝咖啡，细致地说明目前所遇到的困难，在客户离开时赠送一张优惠券。这个解决方案用真诚和利益让渡赢得了消费者的谅解，不仅没有让买卖双方起冲突，还起到了反向宣传的作用。等到门店重新开业时，火爆程度更甚于之前任何一家新店。

此次“西班牙危机”只是尹明亮工作中所遇问题的冰山一角，但他从不畏惧困难，迎难而上是他的特点。“艰难方显勇毅，磨砺始得玉成。”他明白想要配得上自己的理想，就需要超越自我的勇气和坚忍不拔的毅力。

人生没有一纸蓝图，每一步，都算数。

马文卓

理论知识会形成地基，但这地基上不只能盖一种楼

文/丁谊嘉

人物简介

马文卓，2004—2007年就读于国际学院和英国贝德福德大学合作举办的广告与市场营销专业。动画电影制片人、导演、编辑，OSA动画创始人，北京神意造画动漫文化有限公司首席执行官（CEO）。任动画电影《罗小黑战记》总制片人，动画电影《灶王传》《小兵张嘎》总导演，原创系列动画电影《热血足球少年》总导演及制片人，原创童话动画电影《坚强的锡兵》《童话总动员》导演及编剧，漫改真人CG电影《雏蜂》总制片人，曾联合开发刘慈欣原创科幻电影《末日拯救》，短视频动画IP“我是不白吃”“萌芽熊”战略顾问，IP运营团队“起重集”（小蓝、线条小狗）战略顾问。

马文卓

在一个天朗气清的夏日，我们前往新华科技大厦，对马文卓专访。采访开始前我们简单参观了他的公司，印象最深的是各类栩栩如生的精致手办，陈列在公司的各处，使得办公氛围十分活泼有趣。而马文卓的热情平易也让我们快速进入轻松愉快的采访环节。

国际学院，一个汇聚新思路的地方

在马文卓眼里，国际学院是一个新思路的汇聚地，它的成立意义十分新颖。在 20 世纪末就为学生提供了国际教育平台，实现国内外优质教育资源的有效衔接，同时国院也为同学们提供了成就梦想的新机会，为后续希望出国留学的同学提供过渡的桥梁，赋予大家开放包容的学习氛围，树立国际化视野。

国院院方的管理模式新颖，学院鼓励大胆创新，包容多样化的存在，院方与同学间不拘泥于老师与学生的刻板关系，而是亦师亦友，许多事情都商讨着来。在 ICB 就读期间，马文卓担任了院学生会主席一职，和成员们一道为举办活动找赞助，与企业洽谈合作，对接项目并执行落地，学生会工作与社会的接轨性更强，这些宝贵的经历是马文卓从学生过渡到职场的重要衔接。“学院的包容开放也给了我们很大的发挥空间，老师乐意倾听大家的想法，不会拿条条框框束缚我们的创意。”学院包容的氛围和鼓励的态度，让同学们能大胆去闯，在未知的领域里施展拳脚。

同时学生面临的挑战也是全新的，国际学院的同学们自入校起首先要克服全英文教学的困难，开始规划何时考取语言成绩。面对小组合作时，思考作业分配问题，并考虑如何统筹全局，为小组赢得更高的分数。同时要提升自己的演讲水平，国院很重视培养学生的演讲能力，在平时的课堂展示中，期中、期末的汇报中演讲能力都是极为关键的，学会将学到的知识展示给大家，也是一项需要磨炼的本领。

而且国际学院的教学理念也是新颖的，不仅仅教学课本知识，更注重理论与实践的结合。马文卓在营销课的实践活动中就曾去金码大厦的超市做问卷调研，了解顾客的真实反馈，在实践中验证理论的真实性。而在大学时期就学习过的“消费者行为学”也对马文卓影响颇深，他认为这是一门有实际生产指导意义的课程，消费者行为会影响市场营销的策略方针，这门课所传递的指导思想也为马文卓构建营销思维体系提供了巨大帮助。

商科出身的“空降”制片人

马文卓一直以来都热衷于看动画片，作为一个资深的二次元爱好者，2011 年对他来说是比较特殊的一年。在这个看起来平平无奇的年份，马文卓偶然在哔哩哔哩上刷到了名为《罗小黑战记》的短剧式动画片，并对罗小黑这一动漫形象产生了极大的好感。当时他还在国际广播电台工作，没想到自己有一天也会和与动漫、影视相关的工作搭上边。就在 2015 年下定决心换个工作方向的时候，马文卓在机缘巧合下收到了罗小黑战记电影出品方抛来的橄榄枝，出于对罗小黑这一动漫形象的喜欢以及对影视行业的兴趣，他从此转型走上了一条新的职业道路。

市场营销专业出身但从事电影行业的相关工作，算得上是跨界挑战。虽然是空降电影领域，但马文卓认为制片人工作与营销专业也有着千丝万缕的联系。“大学的理论知识形成了我的地基，但在坚实的地基上不仅能盖一种类型的楼，还可以建造其他各种类型的屋子。”这句颇具哲理的话揭示了一个重要道理，所学专业与期待从事的工作不对口，不代表所学知识没有用武之地，许多理论往往具有普适性，为建造高楼铺下坚实的地基。

也正是因为接受过系统的营销专业教育，马文卓会用更加产品化和市场化的视角来看待电影。“做电影归根结底是要做一个产品内容，站在宣发产品的角度，我就会自动帮它做市场定位，考虑到市场需求以及它的分销渠道。”在对外寻求项目合作与为电影拉投资的过程中，马文卓也可以保持清晰的商业逻辑，读得懂阳春白雪，也深谙潜在投资人所关心的商业回报，从目标人群的消费习惯到过往成功案例的数据都能剖析得头头是道。虽然是空降制片人，但马文卓仍然在行业内有所建树。在罗小黑出圈后，马文卓又导演了动画电影《小兵张嘎》《灶王传》，担任童话动画电影《童话总动员》的编剧，逐渐将探索的领域扩大，一步步筑建属于自己的事业高楼。

寄语学弟学妹

首先在解决问题时要打破角度的束缚，以更高的视角来看待问题，学会跳出当事人身份，站在高处俯瞰，用宏观的眼光考量。并且要坚持实事求是的原则，摒弃偏见和经验之谈，严格按照客观现实思考。同时马文卓相信国际学院的学生兼具头脑和眼界，所以大家要最大化发挥自己的优势，怀着青年人的朝气和敢想敢做的干劲，抱着初生牛犊不怕虎的心态与世界交手，探索更多未知的可能性。

金融独木桥上的弄潮儿

姜鑫

文/李师杰

人物简介

姜鑫，2016 届国际学院中美项目毕业生，目前就职于中国工商银行瑞信基金管理有限公司，从事合规管理工作。喜欢运动，热爱生活，阶段性“躺平”，持续性“反卷”。

姜　鑫

“我一直认为人生就是一场旅行，是从一个终点迈向另一个终点的过程。最终有没有到达诗和远方其实没那么重要，因为过程中的每一个终点都值得赞颂千篇……”

10月的北京秋意渐浓，凉爽之余还透着一丝凛冽的寒风，但今天的阳光却格外温暖，给人一种从前车马慢的自在和慵懒的感觉。今天的天气也和姜鑫给我们的初印象有着异曲同工的相似之处，同样自在，却仍是竞争最激烈行业中的弄潮儿；同样慵懒，却从未丢失进取的初心。姜鑫与我们约定在午后的咖啡馆见面，咖啡豆被磨碎的声音吱吱呀呀，阳光金灿灿地洒在了热咖啡氤氲出的雾气上，我们的思绪也逐渐被带进了姜鑫的回忆当中……

初遇 ICB

2012年，姜鑫考入国际学院UCD项目，并选择了中美项目中的经济学专业，姜鑫的故事就从这里开始了。“我的父母从小就非常着重培养我的独立经济思考能力，使我一直对国际事务和商业交往充满兴趣，”他轻声说道，“当时我觉得这个专业可以让我深入了解国际贸易政策和商业战略，同时国际学院的全英文教学也让我提前熟悉未来全英文的办公环境。”经济学领域，从表面看是一片关乎利益与政策的海洋，但深入其中，会发现其中隐藏着博弈的智慧和成长的机会。此外，在努力学习的同时，姜鑫也积极投身学生工作，在国际学院学生会生活部的发展中留下了属于自己浓墨重彩的一笔。在聊到学生会的工作经历时，姜鑫逐渐打开了话匣子。在留任生活部部长的一年，他革新了部门采买工作制度，采用全岗轮换，交叉核查的形式，历练了每一位生活部的干事，并与其他学生会部门进行联动，成功举办了诸如新年晚会、趣味运动会等大型活动。姜鑫说："我们学院学生会其实有非常大的自主权，大家的想法基本都可以在这里变成现实，这段经历对我来说是非常难得且宝贵的。现在每每想起来，心里仍旧要对那段经历好好说一句谢谢。"

邂逅 UCD 学术之旅

回顾在科罗拉多大学丹佛分校（UC Denver）学习的时光，姜鑫谈到了一些至今记忆深刻的经历，以至于对他的职业发展产生了重要影响。他分享道："在学术生涯中，我积极参与了多个研究项目，这不仅提升了我的研究技能，还拓宽了我的学术视野。在丹佛校区进行交换学习期间，我还参加了一些国际交流项目，与来自不同国家的同学合作，深入了解了不同国家的商业文化和贸易实践。"他还回顾起本科生时代的点点滴滴，无论是在研讨室里与外教深入探讨，还是在图书馆里阅读大量书籍，这些经历都帮助他打下了坚实的学术基础。"求学之旅不仅仅是关于书本和课堂，更是一场不断探索和领悟的过程。我在这个领域里找到了自己的位置，也培养了独到的洞察力。"姜鑫的声音中透露着对这段求学之旅的感慨。

步入社会

研究生毕业后，姜鑫选择了安永华明会计师事务所，从事数字化鉴证服务工作。在工作中，姜鑫深度参与多项业务，涉及领域涵盖金融、地产、通信及能源等行业。曾作为现场负责人，带领团队为多个客户企业提供财务数据分析支持。此外，姜鑫在模型搭建及工具开发领域同样有所建树，作为开发团队负责人带领团队从零开始搭建安永数字化审计平台，开创性地提出“自动化数据平台”概念。在事业风生水起的时候，姜鑫却在2022年选择进入中国工商银行瑞信基金管理有限公司，跨行业地从事合规管理工作。谈到这件事，他坦言：“其实在选择工作时，我考虑了很久，摆在我面前的，一份是深耕已久熟悉的工作，一份是全新的领域，在安逸与挑战中，我选择了后者，就这么简单。”基金行业合规管理是一个需要敏锐洞察力和坚定决心的领域。姜鑫的职业生涯如同一篇扉页上的故事，从实习菜鸟到职场精英，他用坚韧和执着做笔，在人生的扉页上作画，成就了今日的辉煌。

对学弟学妹的建议

对于即将毕业的学弟学妹，姜鑫结合自己一路走来的经验，为大家提供了一些宝贵的建议。他说：“首先就是要在瞬息万变的大环境下找到自己的目标，通过不断学习坚定自己的目标。此外，读万卷书不如行万里路，在短暂的大学四年中要积极参与社会实践，确保不耽误学业的情况下参加实习和科研项目，积累经验。”姜鑫明白，对于大学生而言，实习很难寻找也很难抉择。他从人事管理的角度为我们提供了一些宝贵的意见，在短暂的两三个月实习过程中，大厂其实很少会将一些专业性高的工作交给实习生。大厂的实习经历的确会为个人简历增色不少，但随着同质化竞争越发激烈，招聘官会更注重你从实习中得到了什么，比如一些专业的技能和处理事情的能力。因此，姜鑫建议我们在丰富个人履历的同时，一定要注重培养自己的能力和修为。

历经千帆　归来仍是少年

姜鑫的分享如同一幅清晨的画卷，展现着无尽的希望与挑战。金融领域充满机遇，需要坚韧不拔，需要努力学习，更需要一个坚定的目标。他随和淡然，又充满竞争力；他悠然自在，又对自己有着极为清醒的认知。在提及对学弟学妹的期许，姜鑫直言：“我很喜欢这样一句话，历经千帆，归来仍是少年。希望大家坚定目标，勇敢前行，享受过程，接受结果。”

保持热爱　奔赴山海

迟劭辰

文/姜天麒　徐　湘

人物简介

迟劭辰，2008 年进入国际学院，就读于中英项目媒体制作专业。2012 年从英国贝德福德大学毕业并获得一等荣誉学士学位。后进入英国布里斯托尔大学攻读研究生。毕业回国后一直从事导播相关工作，先后进入央视新闻、英语频道工作，也曾独立创办媒体工作室，现为中国教育电视台导播。

迟劭辰

翻开迟劭辰的人生画卷，努力与热爱是她的人生关键词：努力是她追求梦想的不懈动力，而热爱则是她实现成就的精神源泉。

她始终坚信，只有通过不断的努力，并对自己所从事的事业保持热爱，才能获得真正的成功与满足。作为在专业领域内十分优秀的一员，迟劭辰激励大家坚定追逐自己的梦想，在岁月中历练，在逆风中飞翔，成为那个闪闪发光的自己。

勤学致远，功夫不负

谈及大学时光，“实现自我”是迟劭辰最为自豪的事情。

作为2008年的高考生，彼时的北京还是先报志愿再出分。作为全国为数不多的国际化项目，中国农大国际学院的多元文化环境深深吸引了她。经过与家长的深入评估后，出于对传媒领域的兴趣，她最终选择了报考国际学院媒体制作（Media Production）专业。她希望在出国见世面的基础上，同时加强自己的语言与专业水平。

事实证明，这是个正确的选择——向来强调“我是个单细胞核生物，不喜欢太多社交”的她，很快适应国际学院采用的国际化教学模式，因为这里提供了一个纯粹且开放的学习环境。在国际学院学习的三年中，迟劭辰不仅弥补了自身社交方面的短板，更锻炼了语言表达能力和团队协作能力，也为日后媒体领域的实际工作打下了坚实的基础。

作为“2+1”项目的学生，迟劭辰在英国完成了自己后两年的本科学习，并且在毕业时拿到了当时少有的媒体专业一等荣誉学士学位。大学的学习生活中，除了提升理论知识水平，她在实践操作技术方面也得到了全方位的锻炼。比如她会合理规划时间去租用学校免费提供的剪辑设备，在不断试错中让自己的剪辑、拍摄、策划等专业技能得到系统的培训和实操锻炼。每当遇到专业领域的难题或瓶颈时，她都会积极找老师寻求建议，并在反复修改中提升自己的实操能力。

回顾本科生涯，迟劭辰非常感激国际学院的教授们。作为迟劭辰眼中"辅助型"的教授，他们从不会替她做决定，而是帮助她把控正确的方向——这让她同时保持了自己的自信果断与专业创造性。

中外合作办学模式给了迟劭辰很大的帮助，第一年在国内的学习让她逐渐适应国外的教学模式，为日后出国做了充分的铺垫，使转换到海外学习生活的过渡时期衔接得更加顺利，更快适应留学的生活节奏。留学期间，很多国际学院的师哥师姐也给予了她很多帮助，让初次离家的她感觉即使独自远渡重洋，也依旧有来自国院这个大家庭的温暖和关怀。

数年青春，不负时光。凭着国际学院给予的平台，迟劭辰不仅锻炼了自己的专业知识与国际化视野，更是明确了自己心之所向。国际学院的学习经历就像一束经久不灭的光，照亮着她前行的路。

失有所悟　继续前行

研究生毕业回国后，迟劭辰凭借着自己专业的技术在央视找到了一份工作，并开始了日后至今将近 10 年的导播职业生涯。导播的工作非常灵活，不仅需要在有限的时间内当即对节目进行线性的艺术处理，也时刻考验着随机应变的能力，以随时应对突如其来的各种状况。是个需要精神高度集中的技术工种，非常有挑战性。对于向往自由和热爱挑战的迟劭辰来说，导播生涯是个痛并快乐的过程，导播台也被她视为久久不愿远离的阵地。

但理想和现实是存在差距的。

受困于过于流程化的工作模式和诸多限制，工作了一段时间后，迟劭辰认为很难完全发挥出她具有创新性的想法，做出自己满意的作品。为了追寻理想中的工作，她毅然辞退了这份让人艳羡的安稳工作，转而申请了新西兰的学校，以进一步精进自己的专业技术。但考虑到父母的年纪和全新的未来规划，她转而与几个志同道合的伙伴共同成立了一家工作室，渴望可以在没有过多条条框框束缚的环境下自由创作。但实际生活中哪有绝对的自由，理想中的美好总会被现实中的条条框框所限制。所谓的自主创作被甲方的意愿所羁绊，为了让甲方满意，也要不断脱离自我认知，按甲方的要求不断修改方案和内容，只为了更好地契合他们的需求。

岁月的沉淀让迟劭辰逐渐找到理想与现实的交汇点，她明白努力与行动是跨越二者之间横亘鸿沟的最好方法。

保持热爱　初心不改

迟劭辰在创业中面临了很多风险、困难和挑战，对于工作也有了新的判断和认知。对导播工作的热爱，也不断敦促她完善技能，站在技术更新前沿，始终坚守在导播台。一路走来，所谓热爱与理想之所以是人类的必需品，就犹如水手需要星星，在朴素的生活中引导她继续前行。

迟劭辰很庆幸自己拥有一份热爱的事业，她认为能够学习并从事自己喜欢的专业是一件幸运且无比幸福的事，而这要感谢国际学院为曾经的她提供的大力帮助。她始终相信“热爱”与“努力”是成长的代名词，是金子总会发光。她更坚信，想要向上生长，必先向下扎根。关于未来，她始终抱有希望，相信自己仍有无限可能。

第三章

以人为本，以国为怀

2019.5.9

于立群

从国际教育的受益者到传播者

文/于立群 史盈轩

人物简介

于立群就读于国际学院1997级经济学专业。大学期间曾担任团总支部副书记、学生会副主席，多次获得奖学金，并荣获“北京市优秀毕业生”。毕业后保送中国农业大学研究生，并赴英国联合培养项目学习。回国后，在教育部留学服务中心先后负责中外学位学历互认、国际教育交流合作、来华留学、出国留学人员服务等项目管理工作。2021年派驻新西兰，担任驻奥克兰总领馆教育领事。

于立群

于立群是最早加入国际学院的学生之一，而国际学院又是最早的一批中外合作办学项目。入学时，招生简章上有一句话是“培养国际化复合型人才”，于立群到现在都依然记得十分清楚。

2001 年是中国经历 15 年的谈判，终于加入世界贸易组织的年份，而于立群所在的国际经济与对外贸易专业也成为了十分热门的专业，经济热熏烤着好奇心，驱使着于立群在这个领域不断探索着。也是同年，于立群站在毕业典礼的讲台上，收获了别样的归属感。

答案就是不放弃

在国际学院就读的四年时间里，让于立群印象最深刻的还是一次次“折磨人”的考试和作业。当时 Robert Taylor 教授开设了一门音乐课，对于经济系的学生来说，这或是一门不起眼的选修课，或是拉高平均学分绩点（GPA）的绝佳途经。然而，事实并非想象中那样，由于教授的要求十分严格，连填空拼写错一个字母都要扣分，所以第一次测验（quiz）就给了于立群当头一击，成绩非常不理想，足以威胁到 GPA 的荣光。于立群事后回忆起来，坦诚地表示：“我当时就萌生了退课的想法。”她也的确找到了班主任，不过收到的回答令她一生难忘：“你当然可以退课，但是如果以后遇到了类似的困难，你也要选择放弃吗?”

后来的故事给出了回答，于立群选择了不放弃，不论成功与否，至少要试一试。于立群鼓足勇气找到 Robert，表示要坚持学完这门课，也向他讲了自己的困扰，倾诉努力过后仍旧分数不高的委屈。对于课业要求严谨的 Robert 则表示，成绩不够理想还是说明不够努力，并鼓励于立群要不断地突破自我。后来，于立群便和同宿舍的小伙伴们奋起直追，上课认真完善笔记，下课循环听教材磁带（那时候还只有磁带），主要依靠中英文字典和快译通（好易通）克服语言障碍，还要利用课余时间背单词、大量阅读，提高词汇量和英语听说读写的水平。经过半个学期的奋斗，于立群最终取得了满意的成绩。

如今，Robert Taylor 教授已经离世，于立群表示："我会永远铭记他作为教师对职业的尊重，对音乐的热爱，和对学生的负责。他教会我，在规则面前人人平等，除了努力，没有捷径可言。他也是国际学院老师们的代表和写照，他并不是摔倒时搀扶我的那个人，而是在抉择的时候帮我指明方向、种下希望种子的那个人。而这个希望就是通过不懈的努力克服困难，最终达成所愿。"

从国际教育的受益者到传播者

2001 年，于立群从国际学院毕业，被保送到中国农业大学经济管理学院继续进行研究生阶段的学习，并在此期间获得了赴英留学（联合培养）的机会，在英国卢顿大学（现为"贝德福德大学"）攻读金融决策管理专业。从英国回来后，于立群便进入了教育部的留学服务中心工作，2021 年 11 月被派驻到新西兰，担任驻奥克兰总领馆的教育领事。

2012 年，于立群见证了教育部留学服务中心和中国农业大学签署教育合作伙伴协议。"就我个人经历来说，我是中外合作办学（国际教育交流合作）和留学的受益者，于是很自然地成为国际教育交流和留学服务的从业者，希望能继续促进教育国际化，让更多的中国学生受益，对我来说，这是一份既有趣味又有意义的工作。"

在国际学院接受的教育对于立群的帮助是巨大而长远的。曾经的全英文授课环境培养了于立群跨文化交流的能力，轻松地跨过了语言大关。此外，学生时代点滴的训练、打磨和积累也筑起了于立群的国际视野和自信心。她回忆起刚刚参加外事工作，上岗不到一周，就要在大型国际教育展上担任翻译，做交替传译。于立群面对挑战，兴奋多于恐惧，并胜任了工作，看不出她只是个初出茅庐的新人。

除此之外，在国际学院的学习生活也让于立群格外地重视团队合作，注重提升沟通协调的能力。她在工作初期时更倾向于去表达自我的观点，锐意进取，而随着工作年限的增加，经验逐渐丰富起来，她认为倾听往往更加重要，也越发重视和合作伙伴、同事沟通，避免主观自我，强调换位思考。种子早已种下，又在不同阶段开出了各异的花朵。

然而，当被问及“最有成就感的事情”，于立群很谦虚地说，“目前还没有，路一步步走，坎一个个过，会偶尔回头看看，但尽量放眼当下，做好眼前的事情，未来就会有相应的‘成就’。”同时，她深刻地反思当今物质丰富、科技进步的时代，提出在这个百年未有之大变局中，机遇与挑战共存的现象，比如现代媒体的影响力，一方面为人们获取信息提供了便利，另一方面人们大量地从手机接受大数据推送的东西，改变着认知，甚至是盲目地跟从，继而带来许多的问题。

于立群提到哲学家叔本华说的那句话，“生命就像一个往返于痛苦和无聊的钟摆”。“当沉溺于智能带来的便利，说别人说的话，做别人做的事，这钟摆就会变得无聊和压力并存。这不是个体行为，而是文明发展到现阶段，人类共同面临的境遇。”她接着说道，“专注其实并不容易做到，我们会被太多外界的因素影响和干扰，如果能更专注地把眼前的事情做好，对我来说就是一件有成就感的事情。一个人之所以要接受教育，就是要掌握技能，独立思考，保持专注和定力，能在纷繁的变化中看到事物的本质。这就是国际学院学习经历带给我最大的启示和财富。”

王丽惠

我自生羽翼，辗转于微尘

文/姜天麒 智佳源

人物简介

王丽惠，2004届国际学院毕业生。获得中国农业大学和英国卢顿大学双学士学位，后获得英国雷丁大学亨利商学院理学硕士研究生学位。硕士研究生毕业后即进入金融行业任职于多家外资私人银行，曾任星展银行（中国）有限公司私人银行业务分析师、汇丰银行（中国）有限公司北京分行私人银行业务副董事等职务。2016年离职全职加入公益基金会工作。2016—2022年任北京市西部阳光农村发展基金会秘书长。于2022年创立方寸公益专项基金，任专项基金秘书长，通过培育和资助等多元方式助力公益，进行社会投资。

王丽惠

此次河北之行是受到了王丽惠的邀请，去往她所在的方寸公益专项基金捐建的乡村微型幼儿园参观并进行实地采访。

王丽惠回忆了那些年与国际学院的故事，分享了从商业精英转战公益行业的原因。每一次人生选择，她都在坚定地走自己的道路。让我们一起走进她的故事。

视野与勇气是国院给予我最宝贵的礼物

王丽惠2000年高考后毅然选择了当时鲜有人知的中国农业大学国际学院。看出我们特别的好奇，她给出了一个很简单的理由："我喜欢国际学院'小班课'的教学模式，所以选择了在这里上学。"在她坚定的声音中，我们明白了原来人生的分岔口有很多，看似最佳的答案未必最适合自己。

谈及她在国际学院获得的成长时，王丽惠认为最宝贵的是获得了视野的开拓。

当年入学的第一门入学指导（Induction）给她留下了很深刻的印象。这节课为新生介绍了很多实用的知识，小到怎么与室友相处、如何使用图书馆，大到如何选课、未来如何择业等。入学第一周的Induction中最让她惊喜的就是其中对大学生性教育的内容。这种新颖且实用的开放包容的教学理念给了她四年的学习生活一个特殊的开端，让她学会用更多元的视角观察、理解和接纳这个世界，还促使她敢于跳出自己的舒适区，用冒险精神接受每一次挑战。

国院精彩的课程内容也让她慢慢领悟到：学习的真正目的不是考试，而是帮助我们更好地了解自己的优势，未来才能做出正确的选择，并且能为自己的选择负责任。

王丽惠回忆自己在国际学院的经历时，尤其感谢了她的数学老师——马廷玺教授。

因为她是一个不喜欢机械化考试的人，所以对于学习数学很抵触，在学习经济学专业的必修课微积分时遇到了很大的困难，加上全英文模式，更是让她一筹莫展、压力陡增。不管怎样努力，成绩却总是停留在C或D，这让她十分痛苦。

在微积分期末考试的前一天，马老师拿出自己的休息时间让有问题的同学去他家答疑，很多同学都去了。王丽惠也去了。马老师解答了两题以后就对王丽惠说："你光问题是没有用的，更重要的是找到对的练习方法，做正确的事情，才能有正确的答案。数学需要练习，也需要方法。"经过一上午的复习和练习，马老师让她放平心态参加明天的考试，明天一定没问题。她觉得不可思议，一个不喜欢学习数学的人，怎么能通过半天的复习和练习就能通过这么重要的考试呢？在后来她在考试中得了B+，马老师说："经过这么长时间的学习和对你的观察，我认为你并不是学不好数学，而是每次打击让你失去了兴趣。在我看来，考试只是一个手段，不是目的。一次次低分，会让你越来越讨厌数学的。而这完全是因为我们没有找到正确的方法做正确的事情。所以，我希望你明白数学对未来学习生活的意义，也不要因为一次考试就放弃对它的兴趣。其他事情也是一样。"

马老师的一番话让王丽惠重新审视数学学习，也正是因为马老师，让她重新开始接受数学学习，这不仅帮她打破了恐惧数学的心理桎梏，用正确的方法做正确的事也成为激励她此后获得理学硕士学位，学习从事金融、银行投资工作，以及转行全职做公益、创业做公益专项基金的重要因素。

商业转战公益，是工作选择，也是人生理想的追求

本科学习结束后，王丽惠又在英国雷丁大学申请了金融投资专业的研究生。从研究生毕业在英国实习到进入新加坡星展银行私人银行工作，再到后来就职于汇丰银行，国际学院老师的教诲和前辈、同学的支持帮助她渡过了一个又一个困难和挑战。在外人眼中，从参与在中国建立开拓私人银行业务到任职私人银行业务副董事，不论是学历背景还是工作经验，她都可以继续深耕金融领域，从而获得更多成就。但是骨子里有着不服输和冒险精神的她总是思考如何突破职业的壁垒，追求更深层次的人生价值。于是她选择离开工作了10年的金融行业，进入新兴的公益行业。

最初，王丽惠在西部阳光基金会任秘书长，做基金会管理和项目运营管理，要下场筹资和做项目落地。很快她发现了基金会的组织形式和运营模式很初级，短期内很难有改善。她再次跳出舒适区，发起成立了方寸公益专项基金，探索更高效的运营公益项目，帮助更多有需要的儿童群体。2016年至今，王丽惠团队的公益项目与合作已经扩展到全国从南至北的200多个地区。在这个过程中各方全心投入，大家都在这个过程里面受益并享受了这个既痛苦又快乐的过程。在今年5月河北赞皇县的乡村微型幼儿园——方寸空间落成之时，当看到孩子们奔跑进来翻开书，眼中盛满了欣喜，感动奔涌至王丽惠全身，这一瞬间让她和她的团队觉得所有的辛苦都是值得的，这些感动也支撑着她们团队继续筹资和开拓惠及更多儿童的项目。

其实不仅是她在帮助别人，每一个受到她帮扶的人，都在点滴之中回馈了她很多宝贵的东西。王丽惠之前的工作和生活看似体面，但

也无非从一个小格子到另一个小格子。如今，她将自己解放出来，从城市走入乡村，亲身感受芸芸众生的喜怒哀乐。书本之外，皆是人生。她和她的团队希望看到更为丰富的大千世界，感受无数平凡而真实的温暖瞬间。

在我们看来，她也用自己的工作和生活经历告诉国院学子，读万卷书和行万里路缺一不可。但是不管怎样，每一个人都需要看到真实的世界，这个世界不仅有霓虹万丈灯，也有清新草木香。未来的工作选择要兼顾理性与感性，先修身增进，再兼爱众生。愿所有国院学子，以梦为马，不负韶华，能实现理想、报效祖国。

我相信，青春还在前方

唐苏娜

文/唐苏娜

作者简介

唐苏娜，国际学院 2004 级工商管理专业学生，曾留校工作。硕士研究生，国家高级人力资源管理师，现担任央企中国农业发展集团种业板块上市公司组织人事部部长、人力资源部总经理、团委书记。兼任中国农业大学“未禾计划”、国家硕博士联合培养项目职业导师，西北农林科技大学国家硕博士联合培养项目职业导师，中关村人才协会 HRD 俱乐部工作委员会副理事长，中国农业大学国际学院北京校友会副秘书长。

唐苏娜

初夏的夜，树上的知了还没有欢唱，脚下的青草依旧幽幽散发着春日里藏起来的清香。

当我再一次站在母校的草坪上，熟悉中又有些许的感伤。身边都是青春昂扬、朝气蓬勃的年轻学子脸庞，他们谈笑风生涌向舞台，和我一样在暮色中观赏2023中国农业大学毕业季国际学院举办的草坪音乐会。

一段节奏明快的贝斯过后，倏忽随着悠长的吉他伴奏，农大校园虾丸乐队一首《我们的时光》，弹奏着青春的希冀，演绎着明天的向往，彻底唤醒我在校园关于青春的一切记忆。

时光回到2004年，一样的夏天，一样的芳华岁月。

火炬传递北京站活动。“喜迎北京2008年奥运会”的标语随处可见，整座城市的空气中都洋溢着对未来的盛大期许与无限展望。

可喧嚣过后，城市的街巷又归于平静，我似乎也彷徨起来。

我的未来又将何去何从？

填写报考志愿的时候，亲戚朋友七嘴八舌，让我一时很是茫然。

有一天，一位长辈语重心长地对我说，务农重本，国之大纲。千万不要小看农业，它可是天下之本。我们国家农业历史悠久却是底子薄，现在国家对农业不仅空前重视，而且现代农业需要科技化，也需要国际化，中国农大的国际学院是不错的选择。那里的国际化教育环境很好，培养的复合型人才可都有大用场，你可以考虑考虑。

正所谓柳暗花明，一语惊梦。

民以食为本，无论任何时候，农业都是天下大计。

就这样，我坚定地选择了中国农大，和她的缘分从那个夏天过后正式开始。

2004 年 9 月，我终于走进了中国农业大学的校门，成为国际学院的一名大一新生，在国际学院开启了全新的人生旅程。

记得开学典礼很特别。那时，2004 年国际大学生橄榄球比赛在我们校园举行。来自全球各地的大学生比拼技巧、速度与激情，点燃了年轻人奋发的热情。当年我们还参加了 10 月 1 日中华人民共和国成立 55 周年天安门庆典活动，在凌晨的天安门广场观看升旗仪式，并情不自禁翩翩起舞，展现出当代大学生风采，感受祖国的荣光。

我们在学习中有很多的不一样。国际学院 70% 是外教授课、全英文教材和全英文授课、做英文 PPT 展示、做专业课 presentation、小组合作、撰写各类型英文报告、论文等。特别是还有机会聆听农业专家、各领域专业人士以及国际各行业大家的精彩讲座，拓展了思维、拓宽了视野。

以后每一天，青春的身影都奔走在教室、寝室、图书馆和食堂之间。当然，还有校园内的林荫小道，花簇草地的课余时光，都沐浴着校园生动鲜活的希望气息。

学校“农业现代化、教育国际化”的理念深深影响着我每一天的学习和生活，润物细无声地渗透在每一个成长的日子里。我还积极参加学院和学校组织的各类文艺活动，作为学院舞蹈团成员参加过各类型晚会，担任过学院记者团团长，见证了国际学院的每一次重要活动。还曾承担 2005 年学校 100 周年校庆外方大学校长采访工作，参与学院成立 10 周年纪念书籍的撰写和编辑，参与每年的招生志愿者工作等。

在农大的每一天，无论是学院，还是具体到每一位老师，都在不断激励着我的成长。

在老师同学们的支持、帮助和个人努力下，我还获得了学习、文体、社会活动一等奖学金，并且荣膺院级和校级三好学生、优秀学生干部的荣誉称号。

这些点点滴滴，浸润着我的心田，也加速了我的成长。

当毕业铃声敲响时，我早已没有了当初的彷徨和犹豫，更没有丝毫就此为止的满足。我决定前往海外，以农大学子的身份，继续深造。

英国冬日的寒冷而孤寂，远没有农大校园那般温馨。黄油面包更没有农大食堂看着就垂涎的小吃美味。但我在海外留学的日子里，时刻记住自己是一名中国人、一名中国农业大学的学子。面对困难挫折、面对异国他乡的种种不适应，都不曾放弃理想和信念，一步一个脚印、踏踏实实完成了学业。从英格兰到苏格兰，师从英国人力资源协会苏格兰分会会长 Anne Stevenson 女士，在毕业取得硕士学位之际还成为英国人力资源协会 CIPD 认证会员。

2008 年 8 月 8 日，我和同学们一起守候在电脑前，在海外一起观看了北京奥运会开幕式，让我感受到了原来祖国风华正茂，恰是青春！

彼时，我相信我的青春也将和青春的祖国一样，未来可期。

研究生毕业后，我没有留恋异国的种种机会，而是迫不及待登上了归国飞机的舷梯，凌云而归，并且争取到母校工作的机会。

尽管不再是当年的学子，但我依旧如一，还如当年那个求职无怠的姑娘，在母校兢兢业业、尽自己最大努力把自己手头的工作都做到最好。

随后，幸运被推荐到农业农村部、人力资源和社会保障部等国家部委借调工作，视野更加开阔，人生经历更加丰富，工作能力也有了很大的提升，这样的经历让我对自己选择农业，选择农大，都感到无比的自豪。

如今，我依然没有离开农业，选择在农业央企从事企业管理工作，成长为一名人力资源部门负责人，这使我有机会倡导和鼓励更多的年轻人投身农业，报考农大。

一路走来，不同学习经历和工作岗位的锻炼，更让我从心灵深处体会到“农大学子、灼灼其华；农大滋养、磊落飒爽”。

再回校园，芳华似已逝。从农大学生到“三农”工作者，更深刻理解学校校训“解民生之多艰、育天下之英才”的内涵和实质，更充分理解国际学院“引进、融合、创新、发展”的办学理念和人才培养理念。

再回校园，岁月正好。从 1994 年到 2004 年，再到 2024 年，于个人而言是上大学 20 周年纪念，于学院则是成立 30 周年的重要日子，岁月正好，这正是初心不改、前程远大之时。

再回校园，青春还在正前方。耳畔响起年轻一代农大国院学子高亢的歌声，与我，与国院在一起就像怒放的花朵，季复一季，永不凋谢，永远散发着青春的芳香。

林百川

在挑战中成就自我

文/吕金蔚　杜昊阳

人物简介

林百川，2015年考入国际学院经济学专业，辅修政治学、传播学、国际关系专业，大三赴美国科罗拉多大学丹佛分校交流学习，获中国农业大学学士学位、美国科罗拉多大学丹佛分校学士学位、伦敦国王学院硕士研究生学位。现为中金公益基金会秘书处成员，负责绿色低碳、乡村振兴等项目。同时，担任欧美同学会会员、中国延安精神研究会会员等社会职务。

林百川

在北京长安街国贸大厦的一间办公室，我们对林百川进行了专访。高楼的玻璃窗外，车水马龙的景象构成了城市的光影，林百川就坐在我们面前，背靠着这个生动的画面，眼神中充满坚定与自信。他带我们穿越时光，走进他的人生旅程，讲述他如何在国际学院学习的日子里不断拓宽自己人生的边界，在毕业后不断追求知识，积极投身社会公益。在这个过程中，林百川不断地成长和超越自我，也在挑战与困境中成就了自己。

开拓视野引领人生方向

对中国农业大学的选择源于林百川对国家民生的关切。自高中起，他便对中国农大“解民生之多艰，育天下之英才”的校训充满了好感，以为人民与国家服务作为人生追求。林百川提到，国家发展到一定程度，便需要有一批具有国际化视野、能够解决国际问题的人。“根据国家的需要，我们作为青年一代，应该去学习先进的国际技术，了解国际规则和秩序，理解不同国家人们的思维方式。”因此，他选择进入国际学院学习，以便更好地为祖国发展贡献力量。

在国际学院中，林百川得到了多学科多维度的学术历练。在求学过程中，他主修经济学，辅修传播学、政治学和国际关系学。这些广博的学科知识储备为他提供了多角度理解和解决问题的能力。他无畏探索，善于应对挑战，对未知领域满怀期待和热忱。

他提到，理论学习并不是学习的唯一途径，在实践中也可以通过积极的尝试来确立人生路径。他认为更早躬身入局，有助于判断自己是否热爱或适合这一领域。提前明确职业方向，将为自己在后续选择学校和职业上赢得更多的主动权。

不懈挑战实现自我超越

回想起大学时的各位教授，James Smith 教授给林百川留下了最为深刻的印象。这位教授是一位货币银行学领域的专家，对教学持有极其严谨和认真的态度，他的课程总是充满丰富的知识内容，以完整的逻辑结构向学生们揭示货币银行学的系统性知识。尽管这门课的评分标准严苛，很难轻易取得优秀的成绩，但林百川和同学们依然孜孜不倦地学习和储备知识，以便将来回国发挥作用。

林百川至今仍然清晰记得，当时 James 教授以分配阅读材料作为开端，安排学生完成具有独立思考的学术研究。这样的学术训练不仅提升了林百川的学术能力，更培养了他坚毅的意志力。他学会了如何迎难而上，将复杂问题分解成多个可处理的小部分，积极寻找解决办法。他也逐渐熟练地利用各种工具和技巧解决问题，并持续提升自己的能力。他深深认识到，人的能力上限是可以通过持之以恒、日拱一卒而逐渐突破的。

同时，在学习过程中，林百川和同学们经常通过分工合作的方式，共同完成文献阅读和课题研究。通过协作，最大限度地发挥每个人的优势，这也恰恰是投资银行所需要具备的能力。这段学习经历不仅在学术方面发挥作用，更延伸至他的职业生涯。他始终积极挑战自我，敢于面对复杂难题，注重团队协作，践行在大学学习期间所学习到的投行精神。

以人为本践行公益精神

中金公益基金会的公益项目涵盖教育、环保、灾害救助、乡村振兴等多个领域。林百川在硕士毕业后便加入刚刚成立的中金公益小组，作为团队中的第一位专职人员，他怀揣着母校“解民生之多艰”的热忱，开启了一段意义非凡的公益之旅。他积极践行着“以人为本、以国为怀”的宗旨，奔波于祖国各地，深入项目第一线，做了很多脚踏实地的工作。

谈及2021年发生的河南水灾，他回忆说，接到灾情信息的第一时间，他们就立刻与河南当地的公益机构以及受灾县政府取得了联系。在筹集、捐赠资金的同时，团队还积极与供应商协商，采购并捐赠了一批抽水泵、电缆、发电机、铲子等抗汛工具，直接送往灾区第一线。

在灾害救助的实践中，林百川和他的同事们展现出了高效的协作能力。他们各司其职，分工协调供应商、对接政府、跟进捐赠事宜，每个人都在为帮助灾区群众尽力奋斗。林百川表示，这让他深刻感受到了团队协作形成的合力，也锻炼了他的组织和协调能力。如今回想起来，那次经历让他在实践中成长，在考验中得到历练。

在国家“双碳”战略目标和乡村振兴战略的政策背景下，林百川所在的基金会与九阳公益基金会紧密合作，共同推动乡村振兴和低碳环保。他们推广的“中金九阳公益厨房”项目，旨在推动乡村厨房的电气化改造，以替代传统燃料的方式，更高效地为乡村学生提供餐食，助力孩子们健康成长。传统木柴的使用，不仅成本高昂，还会带来较多的污染排放。相比之下，电气化厨房不仅更加清洁，也有助于降低长期的运营成本。

听了林百川的介绍，基金会的每一个项目都仿佛是一个政策试点的实验田，他们通过对具体案例的深入探索和实践，不断摸索和提炼最佳的实施方案。这些试点样板能够为决策者和有关部门提供参考，以便他们可以在更大范围内推广这些得到检验的成熟经验。他坚信，公益工作不仅可以直接帮助到需要的人，也可以通过试点提供的模式和经验，为社会发挥更广泛、更深远的价值。

采访临近尾声，城市的喧嚣还在耳边回响，坐在我们面前的林百川，依旧以他的坚定和自信感染着我们，这份力量源自他不断挑战自我、追求知识和投身公益的经历。他的故事，如同他背后的城市一样，充满了活力和希望，描绘出了一幅从未停止探索和进步的生动画卷。

刘思

永远接纳，永远热爱

文/智佳源

人物简介

刘思，2007 年考入国际学院中英项目人力资源管理专业，之后攻读英国爱丁堡大学培训与发展管理硕士学位，曾在多家国际组织驻华代表处负责人事管理工作，现在中国农业科学院从事科研管理工作。

刘　思

深秋的傍晚，迎着清冷晚风，一个窈窕的身影进入我们的视线，刘思带着笑意落座我们对面。聆听她的故事，我们被她接纳自己、坚持努力的精神所感染，为她在职场上取得的成就而赞叹不已。

挑战自我，取得卓越成就

刘思是机缘巧合下在高考志愿填报的节点看到了人力资源专业的推荐，出于对人力资源专业的热爱，选择进入 ICB 中英项目学习人力资源管理专业。在校期间，刘思不仅专注于学习，还积极参与了校园活动，因为身材高挑担任礼仪队员，又加入了招生志愿者的队伍，为学校和学院的发展贡献自己的力量。

ICB 的课程对刘思来说是一次全新的挑战，具有国际视野、多元文化的学习环境和严谨努力的学风让她受益匪浅。尤其是工作心理学课，作为人力资源专业特有的课程，让她接触到许多前沿的知识，如现在流行的迈尔斯-布里格斯类型指标（MBTI）人格测试等。对课程内容和专业知识的熟练掌握和对专业的热爱让她很好地融会贯通、学以致用，在职场上具备了独特的竞争优势。然而，在英国留学期间，一场大病让刘思需要延迟一年才能完成学业。这样的状态与同龄人的差异让她一度感到失落和孤独，但她没有放弃，坚持完成了学业。

多元发展，丰富人生经历

研究生毕业后，她先后在国际农业磋商组织（CGIAR）下属世界农用林业中心（ICRAF）、国际马铃薯中心亚太中心（CCCAP）工作近 10 年。主要负责国际农业科学家招聘、搭建组织架构、建立培训体系、员工关系优化等人事工作。虽然在过去学习中，她已经对人力资源领域的专业知识有了一定的积累，但是距离完全胜任国际机构人事工作的要求而言，还存在一定差距。为此，她决定从头开始学习国内的人事制度、社会保障、人才政策、了解国内相关劳动法律法规，让所学知识与工作实践得到了充分的应用和提升，做到中西贯通。通过不懈努力和坚持，她在 CCCAP 工作期间获得了“全球优秀员工”的荣誉，成为多年来首位获此殊荣的中国员工。

在国际机构工作的这些年里，刘思在工作上最多的感触是：在这个世界上，还有很多我们看不到的角落，还有很多需要帮助的人。对照联合国 2030 可持发展目标，中国已在 2020 年彻底消除了绝对贫困，脱贫攻坚取得全面胜利，农业农村发展进入乡村振兴阶段。然而放眼世界，目前仍有 6.7 亿人生活在国际贫困线以下，超过 7.5 亿人正在遭受饥饿和营养不良。在刘思曾就职的国际马铃薯中心非洲办公室中，科学家们会为当地儿童选育出富含维生素 A 的甘薯品种并大面积种植推广，让小朋友们在食物中获取天然营养物质。刘思提及此处不禁感慨：“我们要珍惜这来之不易的幸福生活。”

深耕人力资源工作近 10 年后，她选择再一次转换跑道，做一名农业科研管理工作者。谈及如此转变，刘思动情地表示：“党的十八大以来，我国农业科技创新实现大发展、大跨越，整体迈进了世界第一方阵。2023 年全国农业科技进步贡献率达 62.4%，农业绿色发展指数达 76.91。但是我国农业科技仍然存在诸多短板弱项，我们要紧盯世界农业科技前沿，肩负起高水平农业科技自立自强的历史使命，做好本职工作，有力支撑农业科技创新。”交谈之间，刘思对本职工作的热情，对农业科学的关注和对科技强国，我辈有责的担当溢于言表。

工作之余，刘思喜欢逛博物馆，欣赏各类艺术品，放松身心，提升文化素养。她也喜欢出门旅行，足迹遍布五大洲，旅途中遇到的种种美景，尤其是乞力马扎罗山下的星空，让她念念不忘。旅行让她看到了更广阔的世界，也让她遇见了更美好的自己。这些爱好和经历丰富了她的人生，让她更加独立、坚强和自信。

回归校友，回馈母校

近年来，刘思因工作上的原因与中国农大频繁接触，并与国际学院重新建立了联系。她还积极参与了校友回访的活动，回馈学院。她对相关的农业专业有着深入的认知和见解，并希望国际学院的学生们都能尽自己所能，回报国家、回报社会。她鼓励所有的学弟学妹们热爱自己的专业，并积极投身于社会实践，以实现自己的价值来贡献社会。刘思以一往无前的勇气和励志精神，不断挑战自我的努力，赢得了职场上的辉煌成就。她的坚持和毅力是我们每个人所应该学习的品质。同时，希望刘思的故事能够激励更多的年轻人，勇敢地追求自己的梦想，努力为社会做出贡献。

最后，刘思鼓励 ICB 的学弟学妹们勇敢追求自己的梦想，不要畏惧困难和失败，学会接纳自己，直面自己，提升自己。她说："无论面对怎样的困难和挑战，我们都要保持初心，坚持自己的梦想。只要不放弃，努力奋斗，就能够在人生的道路上获得成功。"她的话语充满了坚定和鼓励，让我们深感自信和动力。追求梦想是需要付出努力和坚持的，但只要我们敢于追求，勇于面对挑战，就一定能够在职场上取得辉煌的成就，勇往直前，追求梦想，在青春的舞台上谱写华章！

中秋月圆

于小函

一颗『农』的种子

文/吕金蔚　丁谊嘉

人物简介

于小函，2015—2019 年就读于国际学院农林经济管理专业和美国俄克拉何马州立大学农业商务专业，辅修经济学。在校期间，曾担任中国农业大学青年马克思主义者协会大学生党员先锋班班委、学习委员、信息员，国际学院学生辅导员，国际学院师生联合党支部海外负责人。曾获得中国农业大学优秀团干部、优秀辅导员，党委学生工作部优秀信息员等荣誉。2019—2020 年就读于美国威斯康星大学麦迪逊分校农业与应用经济学专业。2021 年通过北京市定向选调招录进入北京市通州区农业农村局，次年兼任通州区梨园镇魏家坟村党支部书记助理。

于小函

湛蓝天空下，作物的种子撒向田野，那些乡村日常的劳作、田间的汗水、平房里的笑声，也如同种子一样，撒进了于小函心中，农业、农村、农民成了埋进他心底的牵挂。

沃　土

2015 年，于小函进入国际学院攻读中国农业大学与美国俄克拉何马州立大学合作开办的农林经济管理专业。他认为信息是难能可贵的资源，眼界和见识，是获取、融汇、利用信息的能力基础，而国际学院中外合作办学的形式恰恰为此提供了良好的平台。另外，中国农业大学在农业农村领域有着扎实的研究基础，在那时，进入农大学习满足了他对“农”相关学科朦胧的好感。

在于小函眼中，国院为学生们搭建了一个与西方学术体系充分接触的舞台，让学生可以提前为将来的深造打好基础。在国际学院的教师们眼中，学术诚信的重要性是首屈一指的。从一开始，老师们就以极其严格的要求，规范学生们在行文格式和引用摘抄上的习惯。这种严谨，为学生们提前适应学术规范带来了很多好处，是规避风险的关键一环。

沉　淀

修炼思想、磨炼意志、锻炼本领，不断向优秀的同志学习、不断向伟大的党组织靠拢，是于小函一直以来的信念。2016 年，于小函如愿成为学院同届中首批加入中国共产党的预备党员。党员生活是严肃且活泼的。党组织对每一位新党员的心理、思想、生活、学习给予了极大的关心，对于学生党员的发展也寄予了厚望。同时，学院组织多样的外出调研活动，曾赴江西南昌、河北正定考察学习，让红色精神贯穿血脉。

不仅如此，为了让学生党员们真正感受到“从群众中来，到群众中去”的深刻内涵，学院党支部组织了前往广西崇左宁明县的考察调研活动。崇左的调研浇灌了于小函心中那颗“农”的种子。在那里，他与生活在绿水青山环绕中的淳朴农民一同收获果实，同致力于脱贫的干部畅聊愿景，为帮助农民走出去以及帮助村集体增收彻夜难眠。

对于于小函来说，广西之行让他真正开始思考中国的“农”需要什么，而自己又能为“农”做些什么。“资源的有效配置是经济学最根本的问题，有些地方有着很好的自然资源，却不能得到有效的开发利用，乡村振兴与村民致富离不开科学的监测与指导。当时我就在想，我要尽我所能，从任何一个可行的维度为‘农’出一份力。”

破　土

“理论联系实践的精神是我在大学四年中学到很重要的一点，国际学院的教师们一直在引导我们用实地观察来认识世界。”大三时，于小函前往俄克拉何马州继续学业。“当时在国外的教授给我们提供了很多增长见识的机会，这其实也是国际教育的意义。”教授带领大家前往俄克拉何马州的大农场进行实地考察，思考大机械生产对农业经济发展的意义和作用。

出于对美国农业经济的兴趣，研究生时期，于小函前往威斯康星大学麦迪逊分校继续攻读农业与应用经济学。“其实读研于我而言更像是一个开阔眼界的平台，给我机会不断观察美国各样的农业经营方式，拓宽见识，同时也在培养自己接纳多样化的思维模式。”于小函认为，在大学、研究生阶段塑造的开阔思维与眼界，是他工作后颇具竞争力的优势。这期间，学校对知识与实践的教育引发了他的诸多思考，也为他后续处理好“三农”事务提供了重要的启发。

拔　节

研究生毕业回国后，于小函收获了许多公司投来的橄榄枝。最后，出于对乡村的情感、对振兴乡村的理想与信念，以及多年来在农业经济方面的学习，他选择考取北京市选调生，进入通州区农业农村局工作。“中央很重视乡村振兴。通州副中心是一个有发展前景的地区，我很荣幸可以融入它的建设与发展，从基层做起，多为‘农’、为老百姓做一些事情。”

于小函认为，在农村工作中，理解农村实际、倾听农民心声是很重要的。在通州区梨园镇魏家坟村担任党支部书记助理期间，为了更好地深入农村、深入农民，一方面于小函主动向基层工作经验丰富的村书记、村委成员学习，丰富自己的工作经验和工作方法；另一方面他经常同村民拉家常、掌握农村工作的第一手资料。最终，他以生成村情要素表和调研报告的形式为村庄的实际情况提供分析和解决方案。他还积极参与村委班子述职评议会、村民代表会等会议，帮助解决村民的问题。

长　青

振兴乡村的信念始终伴随着于小函，在一个个人生选择的岔路口，这份信念将他引领回最初的那片大地。“亲与邻，土地与庄稼，田埂与水道沟，独轮推车与手扶拖拉机，青牛与黄狗。从农村到县城，从县城到首都，走出国门又归来，无论是专业选择、实践还是工作，都从未脱离这个‘农’字。”

这一次，他真的可以用自己的知识和眼界，解民生之多艰了。

苗仲桢

挑战自己，永不停歇
——从ICB到硕博

文/智佳源

人物简介

苗仲桢，2008年考入国际学院工商管理专业，2010年赴英国贝德福德大学继续完成本科学习。2011年进入英国伯明翰大学商学院国际商务专业攻读硕士学位，以优等硕士学位毕业。2013年进入英国伯明翰大学商学院管理系攻读博士研究生学位，其间获得英方全额奖学金资助。2018年回国进入清华大学公共管理学院从事博士后研究工作。2020年留校，受聘为清华大学中国工程科技发展战略研究院助理研究员，清华大学公共管理学院助理教授、硕士研究生导师。

苗仲桢

初入孟夏，我们走进清华大学的校园，在中央主楼前见到了等候我们的苗仲桢，在他的带领下，漫游了莘莘学子无比向往的清华园，他热情洋溢地介绍了清华的人文和历史，也不忘关心着国际学院近年的变化。忆及在国际学院那些难忘的学习经历，清华的校园仿佛成了一座时空隧道，带着我们一起回到了他初入中国农大的青春岁月。

“另辟蹊径”的勇气与信念

2008年，高考结束后，苗仲桢迎来了人生中第一个重大的抉择。在信息欠发达的年代，他已经对国内中外合作办学的情况有所了解，希望走出一条与众不同的路。开阔的国际视野和完善的教学体系是他选择学校的首要标准，经过全面的对比和研究，他选择进入学风扎实、管理严格的ICB进行本科学习，为自己的海外求学之路迈出了关键的第一步。

进入ICB之后，苗仲桢切身体会到了ICB积极的学习氛围，感受到了完善的海外教学模式和严格的学生管理机制。按照当年的学制，他首先进入了过渡性的语言班，而后在半年内提前满足了跳级条件，进入专业班进行学习。

他主修的是中英项目工商管理专业，课程包括了种类繁多的专业知识和内容丰富的实践要求，同时，他也不得不应对ICB严格的考核制度。然而，即使身处几重压力之下，他并没有只追求高成绩，更多的还是挑战自己，并不断拓展各方面的能力。面对老师布置的课题，他总是有意避开热门和相对容易的选题，选择那些更有挑战性的主题，希望可以“另辟蹊径”，将无人问津的课题做出新意。甚至他会极具创意地对选题进行破题，最终总是能让自己的课堂作业脱颖而出。这样

“另辟蹊径”的勇气和信念成为他大学时代的底色，也成为他此后一往直前的信念。

在 ICB 的课堂上，仅有理论知识还不足以应对学业的挑战，实践能力和演讲技巧也是非常重要的考核标准。苗仲桢对此投入了十万分的时间和精力，把握每一次机会，不断提升自己的演讲技巧。日复一日的磨炼让他不仅可以与老师同台讨论问题，也培养了他答疑解惑的能力。身为学习委员，他常常组织学习小组，将上课的内容总结凝练形成讲义，深入浅出地将课堂所学给其他同学重新讲授一遍，教学相长间，在班级中营造了浓厚的学习氛围。

在 ICB 的学习经历，不但教会了他严谨治学和大胆创新，更让他体会到为同学授业解惑的快乐，为他后来成为一名人民教师打下了坚实的基础。

寻找自己的价值

得益于 ICB 完善的与海外接轨的教学模式，苗仲桢在赴英后快速适应了在英方合作院校贝德福德大学的学习并顺利进入了理想的伯明翰大学进行研究生学习。

进入伯明翰大学之初，他发现研究生的课程设置非常具有挑战性。老师的讲义常常只有关键词或简单的几句要点。学生在课后需要大量阅读文献才能理解课程内容。同时，数量繁多的课程作业对学生的自主学习技巧和时间管理能力有极高的要求。他回忆道：“我当时一个学年完成了 13 门课的学习，在期末的时候所有作业的 deadline 都叠在一起，按时按量地完成所有课程作业对我来说是一个很大的考验，但总算很幸运地完成并取得了还不错的成绩。”通过不断的努力，他完美地应对了这些难题。毕业时，他获得了优等硕士学位。这个成绩为他赢得了伯明翰大学博士研究生的 offer，并使他获得了当年由伯明翰大学商学院提供的唯一全额奖学金。

在选择博士研究方向的时候，他仍然保持着热爱挑战、不停攀登的勇气，放弃了自己喜欢的市场营销（Marketing），转而研究创新与管理（Innovation and Management）。他回忆说："当时胡锦涛总书记提出我国要在 2020 年成为创新国家，使我意识到这是国家需要的领域，因此我选择了研究创新管理和创新政策问题。"在新的领域中，他继续不断探索、研究新的可能，也不断遇到、解决新的问题。

授人以渔

进入博士阶段，苗仲桢作为助教开始与学生频繁接触，他发现很多中国留学生背负着很大的压力，影响了他们的学习态度。这些压力或是来自繁重的学业，或是来自对未来的迷茫。他结合自己的学习经历，将自己的心得和学习技巧分享给学生们，鼓励他们直面学业的挑战，同时找到自己未来的目标。

他始终坚持学习不应该是机械地记忆或者索然无味地重复，而是在于找到自己真正喜欢的方向，一往无前地走下去。在探索的过程中大家免不了遇到阻力，只要我们不忘初心，勇于探索，一定可以在自己喜欢的领域成就一番作为。这是他在大学时代就为自己总结的箴言，也是他一路走来的信念支撑。

尽管苗仲桢已经毕业多年，他仍然十分关心 ICB 近年的发展与改革，不断表露出对学院由衷的感激和热切的关心。他非常感谢 ICB 的学风和教学模式培养了他的自信和勇气，也造就了他果敢的性格，同时也感谢当年各位老师们对他“另辟蹊径”的包容，使得原本并不出众的他能够走到今天。在采访的最后，苗仲桢以桌上的水杯为例，向我们阐释了不同学科、不同理论视角对于科学研究的价值。希望大家通过在 ICB 的学习，能够找到自己真心喜欢的方向，积极探索，创造自己的价值，永远不要停下前进的脚步！

张海峰

相信自己　矢志不渝

文/杜昊阳　吕金蔚

人物简介

张海峰，1996 年考入国际学院经济学专业，取得中国农业大学和美国科罗拉多州立大学学士学位。2000 年赴英国攻读硕士学位，取得英国卢顿大学金融决策管理硕士研究生学历和英国赫特福德大学信息系统硕士研究生学历。现任北京市电影股份有限公司党委书记、董事长、总经理。

张海峰

2023 年 6 月 20 日晚，张海峰在结束了一天的工作后接受了我们的专访。他作为国际学院最早的一批优秀学子代表，见证了学院 20 余年奋进开拓的光辉历程，我们满怀期待，随着他的思绪回忆起他与学院共同成长的青春岁月。

国际学院自创办之初，至今已走过 29 个年头，明年就要举办建院 30 周年的盛大庆典了。几代人筚路蓝缕艰苦奋斗，三十载风雨兼程春华秋实。桃李不言下自成蹊，如今的国院早已名满中外。万水千山不忘来时路，作为一路走来无惧风雨、劈波斩浪的见证人，回忆起大学时光，尽管已经过去了 20 多个年头，张海峰仍有不少的故事要和我们分享。提及当初选择经济系的原因，是因为学生时代自己的数学成绩优异，并且对经济金融颇感兴趣，思索再三最终选择了国际经济。国际学院的教学模式和课程设置对他在毕业之后的工作大有益处。张海峰的第一份工作在北京国资公司的国际业务部，需要经常对接境外投资业务的主管部门，得益于国际学院全英文教学的培养模式及对国际文化的了解，使得他能够更加顺畅地与西方国家合作方沟通交流。张海峰回忆起自己入学时的 1996 年，国际学院建立之初，外界对于学院教学模式了解甚少，学院的各项工作都亟待完善，在老师与同学们的不懈努力下，学院逐步完善了自身的教学体系。时至今日，中国农业大学国际学院早已成为成熟的中外合作办学典范。一批批国院人与学院共同成长，踔厉奋发、锐意进取，积极在国内外高水平舞台上展示着自己高超的素质。

电影行业是一个高度市场化竞争的行业，国有电影企业在此环境下，必然会在享受体制机制既有优势的同时面临固有的短板，同时也会有一些历史遗留问题存在。在问题化解的过程中，对国企负责人的综合素质有很高的要求。张海峰从国际学院毕业后，又在国外取得了两个硕士学位，深入的学习和广泛的了解帮助他迅速提升了自身素质并且加深了对西方文化的了解。正是扎实的基本功帮助他克服了一个又一个的困难，每次面临挑战，他都会用“相信自己”四字提醒自己要坚定信心。保持自信的状态使他克服万难，在行业中取得了一个又一个的成就。“相信自己，发扬敢于担当、敢于创新、敢于碰硬的‘三敢’精神去面对问题，就会让很多困难的问题逐步得到解决。”

张海峰在电影行业已经深耕多年，当我们饶有兴趣地聊起国内电影发展的故事，他如数家珍地介绍起了国内电影行业发展的艰辛历程。市场上目前的主流影片可以分为国内影片与国际影片两大类，西方国家影片所展现的多是普世价值和个人利己主义，国内影片所弘扬的则是为人民大众所喜闻乐见的以人民为中心的创作理念，讴歌祖国、讴歌人民、讴歌英雄是国内电影行业必须担负的责任。电影行业作为弘扬社会主义核心价值观的重要载体，其传播速度、覆盖面及影响力都是其他传媒方式难以比拟的，它对人民的正确意识形态塑造有很大的影响力。在国外电影的引进过程中，一定要取其精华去其糟粕，对于西方国家的意识形态渗透要严令禁止，保持我国电影制片行业的风清气正。知之愈明，则行之愈笃，张海峰与众多电影工作者一道为我们创作了更多优秀的作品。

提到自己在中国共产党指引下不断成长的过程，张海峰建议学弟学妹积极向党组织靠拢。他和我们回忆起自己作为国际学院第一届团委宣传委员的过往。正如他所说越出国就越能懂得爱国，国际学院的同学更要厚植爱国情怀，不忘初心，牢记使命。21 世纪之交，中国刚刚加入世界贸易组织（WTO），国内各行各业还未充分发展，尤其是电影制片行业，国内与西方国家客观发展水平存在着巨大的差距，西方世界高度发达的发展水平对人才有着极大的吸引力。在张海峰硕士毕业后，尽管发达国家能够提供更高的发展平台，但他还是毅然决然地选择了回国。正如近一百年间无数仁人志士在这个相似而又决定人生命运的时刻所做出的抉择一样，他做出了和先辈们一模一样的选择，凭着一腔爱国赤诚和报效祖国的决心义无反顾地回到祖国建设尚未成熟的电影行业。回国后，张海峰在第一份工作中就积极地申请加入中国共产党。他特别提到能够成为一名中国共产党党员是对个人能力莫大的肯定，中国共产党自艰难困苦中走来，以“撸起袖子加油干”的气概，跨过了一道又一道沟坎，取得了一个又一个胜利，绘就了一幅中华民族从未有过的波澜壮阔的恢宏历史画卷。不忘初心，许身报国，让我们的青春在奋斗中谱写更加绚丽的华章。

提及对学院的展望，张海峰有无限的期待。他殷切地希望学院能够越办越好，培养出更多优秀学子在各个领域发光发热，将学院的独特办学优势运用到工作中。并且希望更多优秀的学弟学妹充实到电影行业，建设祖国的电影制片事业。作为国院学子，我们更需要时刻保持一颗红心，无论走得多远，都以心之所向指引步履所往，牢记为人民谋幸福、为民族谋复兴的初心使命，矢志不渝接续奋斗再创辉煌！